未来ブックシリーズ

I0405049

世紀末の危機は
こう生き抜く

1998-2000
株式大暴落
Stock Market Crashes

ラビ・バトラ
Ravi Batra

toExcel
San Jose New York Lincoln Shanghai

1998—2000

株式大暴落

ラビ・バトラ

逆境に耐え抜け
明日は必ず
黄金の未来がやってくる

今は亡き私の師、シュリ・プラバット・ランジャン・サーカーを追悼して

序

私はアメリカで出版された近著『アメリカの大きな偽り（The Great American Deception)』の一七四ページで、一九九七年末までに株式市場の崩壊があるだろうと予測した。講演や日本で出版された著書の中でも、私は同じような予想をしてきた。今、世界の多くの地域で、実際に株価の暴落や深刻な値下がりが起こっている。私は、株取引の今後の展望について急いで知らせる必要を感じ、この本を著した。アジアのタイガー諸国（香港、シンガポール、台湾、韓国などの発展途上国）で株価が崩壊し始めたのは、一九九七年十月初めのことだった。一〇月末までには、総崩れ状態になり、一〇月最終週には、多くの国々が影響を受けた。歴史に残る事件が起こったのは、一九九七年一〇月二七日のことである。マニック・マンデーとして知られるようになったその運命の日、ニューヨーク証券取引所では取引が二度にわたって停止し、ダウ・ジョーンズ指数は五五四ポイントの記録的下落となった。パーセントでは、ダウは七・二%しか下落しておらず、そのほとんどが翌日の、これもまた記録的な三三七ポイントの上昇によって回復した。しかし、アメリカの株式市場は動揺し、ラテンアメリカやアジアの市場は大混乱した。

私はアジアや南米のみならず、ヨーロッパやアメリカでも、もっと大きな市場の揺れがまだこれからやってくると考えている。一九九八年の第一・四半期に、あるいはもっと早く、再び世界的な動揺が起こりそうだ。その理由は次のとおりである。

国および世界経済の基礎にある基本的な経済要因は、需給関係である。供給は生産あるいは労働生産性から生じ、需要は賃金から生ずる。一九九〇年以来、グローバル化とその年に起こった不況により、世界中で賃金の伸びは生産性の伸びよりも遅れている。生産性が向上しても賃金が停滞すれば、供給が需要より速く伸び、不均衡が生じ始める。

しばらくの間は、需要と供給のギャップは、銀行ローンや消費者負債で埋めることができるから、供給の増大に合わせて人為的に消費者需要を高めることができる。だが、そうこうするうちに、賃金が伸びないために収益が急増する。そこで、はなはだしい株価の上昇が起きる。生産性と賃金のギャップが大きければ大きいほど、収益と株価の上昇も大きく、したがって、その結果起こるトラブルも大きい。銀行が貸付けを停止するか、あるいは負債を負った消費者が借入れを減らす時がやってくる。そうすると、需要と供給のギャップが表面化してくる。

東南アジアのタイガー経済にとって、決定的な時は一九九七年七月にやってきた。銀行が貸付けを大幅に削減したのだ。アメリカも間接的にこのプロセスの影響を受けている。アメリカでは貸付けは続いたが、消費者の負債が史上最高を記録し、破産が急激に増大した。このため、そして、私がまさにこれから議論しようとしているその他の理由により、需給ギャップは間もなくアメリカにも上陸するだろう。

一九九七年夏以来、タイ、マレーシア、シンガポール、台湾、インドネシアは、ドルに対して大幅な通貨安を経験している。同様に、円も一九九五年後半以来、その価値が五〇%も失われている。このためアメリカの輸出品は海外では高くなり、アジアからの輸入品は安くなる傾向がある。そこで輸出が減り、輸入が増えるだろう。これは、一九九五年のメキシコのペソ危機の後に起こったのと同様なプロセスである。その結果、アメリカの貿易赤字は膨らんで、アメリカ製品に対する需要をさらに妨げ、アメリカ企業の収益は減るに違いない。

アメリカ多国籍企業の中には、海外で安い製品を生産することで利益を得る企業もあるが、彼らが得る利益は、アメリカ企業が急激に増える赤字の結果被る売上げの損失からすれば、微々たるものであろう。概していえば、アメリカの企業の収益は、程度に差はあるものの減少するであろう。ダウ・ジョーンズの株価は、一九八二年の八〇〇ドルから、一九九七年一〇月末には七五〇〇ドル以上にまで上昇してきた。これはアメリカ企業の収益が上がり続けるという見込みがあったからである。収益が減少すれば、どんなにねばりづよいアメリカの投資家でも逃げ出すだろう。そうなればアメリカで株価が暴落する。

現在、アジアやラテンアメリカの市場が混乱しているにもかかわらず、アメリカの株式が上向き傾向なのは、ほとんどウォール街のブローカーたちのせいである。彼らは現在のファンダメンタルズ（経済の基礎条件、つまり低インフレ、低金利、低失業率など）に注目してくれと言う。しかし、彼らは一九二九年のことを忘れている。そのときのインフレ、金利、失業率は今よりもさらに低かった。しかし、そのような「健全な」ファンダメンタルズも、株式市場の崩壊と大恐慌を阻止できなかった。ほんとうに重要な唯一のファンダメンタルは、どの大学の経済学のコースでも習うこと、すなわち、需要と供給である。そして、今、世界経済において、深刻なギャップが発生しているのは、まさにそこなのだ。

この本は全部で七章から成り、現在拡大しつつある危機の歴史的背景と、その危機がこれからどう展開するかが論じられている。

第一章では、今日のアメリカは世界的なビジネス帝国を持っており、それは多くの点でローマ植民地帝国に似ていると論じる。

第二章では、アジアのタイガーたちと、なぜ彼らが混迷しているのかについて詳しく考察する。

次に、第三章では日本経済の不健全要因について考えてみたい。一九五〇年以来、日本の産業は偉大な業績を成し遂げてきたが、それは一九九〇年代になって衰えを見せはじめている。

第四章と第五章では、世界の投機バブルと、それがなぜ一九九七年半ばに崩壊し始めたのかについて分析する。

第六章はアメリカビジネス帝国が崩壊すると思われる、近未来のヴィジョンを提示している。そこでは一九九八年と一九九九年の株式、通貨、不動産、金などの資産の世界金融市場が、どんな動きをするかについて説明する。これらの市場がどのように反応するかがわかれば、多くの人々が直面するであろう深刻な損失から、あなたの資産を守ることができる。現在アジアでは憂鬱と不運の雰囲気が漂っているが、未来は私たちすべてにとって、とても明るい。しかし、今日の混迷から逃れ、明日の光明を達成するためには、私たちは一所懸命に努力する必要がある。

このような精神のもとに、最終章の第七章は、経済改革を取り上げている。それは子供たちのためによりよい世界を作るうえで、無視することができないものだ。

この本を執筆するにあたり、私は、ご助力いただいた友人たち、ソア・ソーギアソン、アミタブ・シン、ベルニー・インガソン、そして親愛なる妻、スニタに感謝したい。

また、この本の出版を早めることを決定された、たちばな出版にもお礼を申し上げる。この出版社のスタッフの貢献は、測り知れないほど貴重である。彼らの絶え間ない努力のおかげで、読者が適切な防衛手段をとれるように、この本のページに盛り込まれた情報を、いちはやく読者のもとに届けることができた。

最後になったが、本書中の図を作成するにあたって、そのデータの利用を許可して下さった、モーガン・スタンレイ・キャピタル・インターナショナルにお礼を申し上げる。

ラビ・バトラ

一九九七年一一月二七日ダラスにて

推薦のことば

チベット文化研究所所長
ペマ・ギャルポ

ラビ・バトラというと、ちょっと勉強しているビジネスマンなら、「ああ、あのラビ・バトラ教授ですね」ということばが返ってくる。つまり、ラビ・バトラ教授は、現在の世界の動向、経済の行方について関心を持っている日本人の間においては既に有名な存在であり、ここで改めてご紹介することもないほどである。しかし二言目には、「あのインドの予言者ですね」とか「未来学者ですね」というふうに述べる方も少なくない。勿論「米国におられるインドの経済学者」という答え方をする人も大半である。このような方々に対して私は、「予言者ではないが、精神性を重視し経済学者として地道なデータの蓄積と分析に基づいて予測されたことが今までによく当たっていることで有名な方です」と答えているのです。ある意味ではこれらの方々すべての表現が当たっているのであり、教授はその基本的な哲学としてプラウト（Prout）の思想を根底にもっておられ、インドの社会運動家、宗教家、哲学者として知られているP・R・サーカー師から直接祝福と教えを受け、精神的修行を積まれたうえ米国で経済学を学ばれ、若くして博士号を受けて周囲を驚かせた秀才である。このような精神性をバックに地道なデータの収集と分析に基づいて、共産主義の崩壊とやがて資本主義が行き詰まることを予測した。そしてその後の出来事によってその分析力の正確さが立証されたのである。この事実に関しては、ラビ・バトラ教授の著書を読み直せば確認することができるはずである。

共産主義が破滅し、冷戦構造が崩壊して、世の中がまだバブル経済の中で酔いしれている時、教授は次は資本主義が没落すると断言された。教授はこの前後、数回日本を訪問され警告をされた。特に二年前の来日時、ドル安と株の下落を具体的な数字と期限を示して予測され、当時その会場にいた私は手に汗を握るように心配したことを今でも覚えている。その後、テレビを始めとするマスコミ関係者から、どうも教授の予測ははずれたのではないか、と指摘をしばしば受けた。そこで私も催促をするように教授に電話をかけたところ、極めてクールな態度と落ち着いた声で具体的な現状分析をしながら、自然の法則と経済の原理からすれば自分の指摘通りになるはずであって、現在そうでないのは米国を始めとする関係の国々の政治事情などの思惑によって人工的に抑えられているにすぎない。このような自然の法則や学問の原理を、人間が無理に押さえれば押さえるほどそのしっぺ返しは大きいはずで、これは表面的に眺めるか、内面を見るかの違いであると具体的な状況分析を踏まえて説明をして下さった。そして最近の東アジア及び東南アジアを襲った通貨危機、株の下落などを通して教授の予測どおりであったと思って早速連絡をとったところ、いつものように冷静な声で、「まだ表には出ていないが今回のことで一番打撃を受けたのは日本かも知れない。日本は自国のバブルが弾けてから東アジアのバブル現象を作るのに精力的に励んだ。自国の場合には政府によって公的資金で補塡できたが、海外で失ったものを同様な手口で救済することは難しいだろうから、日本の投資家や銀行は米国にある国貨を現金化しようとするでしょうし、米国はそれを喜ぶはずがないので新たな日米貿易摩擦の火種になりかねない」と心配されていた。私の恩師の地政学の大家、故倉前盛進教授も、米国がベトナムで負けることや、名著『悪の論理』においてはソ連のアフガン進攻を適確に予測した時、先生は「これは予言でもなんでもなく勘ですよ。たえず物事に関心を持ち、細かくデータを集め分析し仮説をたて検証して研究を繰り返しているうちに勘が働くようになるんだ」とおっしゃった。ラビ・バトラ教授も第六感を働かせているという断言はできないが、アダム・スミスやエンゲルス、ケインズなどの法則、原則を見破って、新たな経済原理を構案しうる立場にいる学者であると私が指摘しても、それはただのお世辞で持ち上げているように見えるかも知れない。しかし、ここで自信を持って読者に、ラビ・バトラ教授の活躍は注目に値するものであるということだけを断言し、読者自ら頁をめくってその内容を確かめて行くことをお勧めしたい。最後に私は、ラビ・バトラ教授の予告が、むしろ当たらないことを祈る時もある。なぜならば危機感を促すような予告に従って、私達がそれに備えて、努力することが、予告の目的である筈だからである。

株式大暴落——もくじ

第五章　株式市場——崩壊のメカニズム——165

第六章　世界経済の未来展望——185

第七章　今こそ、真の改革が求められる──207

装幀——川上成夫
編集協力——ピーター・デイヴィッド・ピーダーセン

第一章　アメリカビジネス帝国が世界を動かす

通常、私たちが「帝国」と言う場合、それはイギリス帝国やローマ帝国などを指す。同時にそれは、植民地とか、攻略された領地とか、征服された人々などを思い起こさせる。さらに、領海、領地、領空の覇権をめぐる、国どうしの長い戦いをも意味している。つまり、植民地帝国の境界内の隷属国という構図が思い浮かぶ。しかし、ビジネス帝国についてはどうであろうか。

ビジネス帝国というと、植民地帝国と全く異なるかのように思われるかもしれない。しかし、実際には類似点がたくさんある。例えば、他の国に対する政治的支配力はないが、商業的支配力を持っている。植民地帝国の場合、勝利国の生活水準が最も高くなる。それは、被征服者たちから、貢ぎ物や税金を徴収するからだ。帝国の理念、価値観、言語、文化などが攻略した地域に広がる。帝国はその支配下にある人々から安い労働力を確保する。そして何よりも帝国の領土に対する軍事的覇権を握っている。これら全ての点において、今日のアメリカビジネス帝国は、植民地帝国の特徴を備えているのである。

ここであなたは疑問を抱くかもしれない。本当に今日のアメリカは、ビジネス帝国なのだろうか、と。つまり、アメリカのビジネスは合衆国内における政治的支配力、そして世界の一部において商業的支配力を持っているのだろうか、と。答えはイエスである。企業の利害という観点からいえば、今日のアメリカは史上最大の世界帝国を支配しているといってよい。

ローマ帝国

「帝国」とはいかなるものであったのか。はじめに、まずローマ帝国から見てみよう。今からおよそ二千年前の紀元前三〇年ごろ、ローマ人は強力な軍隊を築き、都市国家を征服し、また、多くの国々と戦って破り、その過程で西ヨーロッパから北アフリカ、そして西アジアにまたがる広大な帝国を建設した。帝国の支配者たちは戦いに破れた人々から貢ぎ物、税金、奴隷などを徴収し、その結果、ローマ人は帝国内で最も高い生活水準を保つことができた。ローマ人の言語、文化、理念、価値観などが、帝国中に普及した。

ローマはこれらすべてを武力によって成し遂げた。強力なローマ軍を前にして、どの近隣諸国や周辺の諸都市も安全ではなかった。戦いに破れた人々は征服者のために豊かな経済を築き上げた。著名な歴史家、M・ロストブゼフは、「ローマ帝国の最初の二世紀ほど、多数の人々が快適な生活を楽しんだことは（一九世紀、二〇世紀の欧米を除き）人類史上なかったし、一九世紀でさえも、人々があれほど美しい建物やモニュメントに囲まれて生活したことはなかった、といっても過言ではない」と述べている（参考文献13（巻末）、290頁）。

これは信じられないような話だが、ローマ帝国史の研究でよく知られた著名な学者の言葉である。ローマ経済は、新しい技術、資本蓄積、そして植民地で捕えられた奴隷の安い労働力によって築かれたのである。奴隷たちは、農場や工場、家などで働かされ、その報酬として衣食住を提供された。すなわち、奴隷たちは最低限の生活賃金で働いたのである。ローマ帝国は、西洋史において、キリスト教の予言者、イエス・キリストの誕生に続いて到来した、最初の武人支配の時代であった。この時代、軍隊が社会組織のほとんどを支配していた。このため軍の将校が、最も高い名声と生活水準を享受していたのである。将校たちは最高級の住居と奴隷と快適な生活を所有していた。軍人は誰もが憧れる職業だった。

それが快適な生活を手に入れるための確実な道だったからである。

ローマは、特に最初の二〇〇年間は、帝国の文化、商業の中心地であった。帝国の属州に住む人々は、ローマに移り住み、ローマ市民となることを熱望した。そのためには、彼らは手段を選ばなかった。自ら奴隷として働くことさえいとわなかった。したがって奴隷労働は、強制的なものも、非強制的なものも、豊かなローマ経済を築き、そこでは、農業、製造業、商業のいずれの分野も繁栄していた。また、ローマ帝国は、植民地だけでなく、近隣の帝国、インド、プロシア、中国などとも活発な貿易をしていた。主要産業は、陶器、繊維、金属、ガラスなどであった。これらの産業が輸出製品を提供し、その一方で香料、絹、宝石類などを輸入していた。

輪作と施肥の発達により、農業が栄えた。もちろん、それも奴隷労働によって支えられていた。しかし、全体的には非常に繁栄していたにも関わらず、その経済は、帝国の最初の二世紀間ですら、完璧というにはほど遠かった。高い俸給や富を得ていたのは上流階級、特に軍人階級だけだったからである。一般の人々は肉体労働を嫌い、それを奴隷が一手に引き受けたが、奴隷の供給も時間の経過とともに減少していった。肉体労働の供給の減少により、ほとんどの産業の生産が減少した。それに加えて、イタリアは、属国や属州に対し、常に貿易赤字を抱えていた。赤字は、一部は属州から徴収された税金によって、また一部は貴金属の輸出によって賄われていたが、その結果、帝国の金銀が流出した。ローマは、特に帝国の建設後三世紀目に入って、経済的に大きく衰退し、ついに四七六年、帝国政府が崩壊した。

ローマ帝国の崩壊には主に二つの理由がある。一つはすでに言及したように、経済的衰退である。もう一つは極端な軍国主義である。植民地における平和を維持するために、政府は巨大な陸軍と海軍を維持しなければならなかった。確かに帝国の最初の二世紀間は、平和な期間が長く続いたが、それには大きな代償を支払わねばならなかった。政府は巨額の税金を課さねばならず、そのほとんどが属州に、そしてある程度はイタリアの農民や商人に重くのしかかった。そのような重い税金の課税および徴税は、巨大な官僚機構や政府の浪費、生産の低下をもたらした。このように多額の軍事費と究極的な繁栄の喪失は、互いに関連し合っていたのである。

ローマ社会はずっと昔に消滅したが、その業績の一部は今日まで残っている。ローマが人類に残した最大の貢献は、全ての人々は平等であり、政府が侵すことのできない、ある一定の権利を誰もが有し、また、人は有罪と証明されるまでは無罪である、という法の概念である。これは理論的には国家さえも超越した自然法の概念である。実際は、今と同じように当時もエリートたちが特恵的な処遇や裁判を受けていたが、この法の概念は今日でも西洋社会において普及しており、また、すべての民主主義の基礎となるものなのである。

イギリス帝国

世界最後の偉大な王国は、イギリス帝国であった。それには、ブリテンと呼ばれるヨーロッパの小さな島国が支配する海外属領が含まれていた。ローマとは異なり、イギリスは商業勢力、特に一七世紀末にインドに基盤を確立した東インド会社によってその帝国を築いたのである。一八世紀半ばまでにイギリスは、カリブ海や北アメリカ、インドに植民地を設立した。

イギリスはアメリカにあった十三の植民地を、一七七六年のアメリカ革命で失ったが、一九世紀にはその領土を再び拡張し、東南アジアやオーストラリア、アフリカなどの地域を支配した。第一次世界大戦の頃には、帝国の領域は、世界の人口と土地の四分の一以上にも及んでいた。

帝国は商業勢力によって始まり、それは独自の私兵を雇っていたが、植民地に対するイギリス軍の支配は、ローマの属州に対する支配と同じように絶対的なものであった。

イギリス国内では、一六八九年の名誉革命とともに議会制民主主義が始まり、一八、一九世紀に着実に発展していったが、ほとんどの属領では、イギリス人の総督と陸軍将校が専制支配を行っていた。属国民は奴隷としての扱いは受けなかったが、いかなる権利も与えられていなかった。

二〇世紀初頭、イギリスはインド、オーストラリアなど一部の属領に自治を許したが、植民地側は限定された自治に不満を抱いていた。植民地は選挙を行ったり議会を持つことはできたが、その権限は植民地国内に関する問題に限られていた。インドでは外国支配に反対する全面的な大衆運動が沸き起こり、ついに一九四七年独立を手にいれた。それに先立つ一九四二年、イギリスはオーストラリアに完全な自治を与え、その他の植民地も一九四七年以降、徐々に独立していった。一九六〇年までに、帝国はほとんど消滅していた。驚くべきことは、ほとんどの植民地が平和的な方法で自由を獲得したことで、これは歴史上初めてのことであった。

イギリスは、色々な方法でその属領を搾取した。例によって植民地は帝国を潤し、その生活水準の向上に寄与した。イギリスは属領内における自由貿易政策を奨励したが、属領からの工業品輸入には関税をかけた。このように植民地は、保護を受けたイギリスの製造業者に安価な原料を供給し、イギリスは産業革命のおかげで初期のリードを保つことができたのである。但し、イギリスは属領からの工業品輸入に関税をかけることでそのような輸入を抑えたものの、原料には輸入関税はかけていなかった。

もちろん、植民地は工業品輸入に関税を課すことは許されなかった。こうして、植民地はイギリスの産業に安価な原料と市場を提供し、そのため、イギリス経済は多岐にわたる成長を遂げた。繊維、工作機械、鉄、造船などの産業が急速に発展したが、植民地の産業は、イギリスから流入する大量の生産品によって破壊された。属領は異常に高い価格でイギリスから輸入されるサービスの代価を支払うために、過剰な輸出をしなければならなかった。植民地で働くイギリス人の総督、文官や軍の将校たちは高給を支払われ、それはイギリスへの輸出超過によって稼いだ余分な外国為替によって賄われた。このように、イギリスの経済政策は、属国の犠牲のもとに、イギリス国民にのみ恩恵をもたらすように機能したのである。

ローマとは異なり、イギリスはその被支配者を奴隷化しなかったが、他の方法で彼らから安い労働力を引き出した。属領民は徴兵のために利用され、二つの世界大戦で、最低限の生活賃金で、イギリスのためにその植民地を防衛した。こうしてイギリス軍は安価な労働力を得ることができ、そのおかげで国の財源を自国の経済発展のために活用することができた。

しかし、植民地の労働力や製品市場を独占することにより、イギリスの産業の、他の先進国経済に対する競争力は弱まっていった。イギリスの企業は、ドイツやアメリカ合衆国の企業より効率性が劣っていた。したがって、帝国の崩壊後、イギリスは（少なくとも他の先進国に比べて）急激な経済的衰退に見舞われた。イギリスは、インフレ、労働争議、貿易赤字、そして常習的な通貨の値下がりに苦しんだのである。

イギリスが、その経済的発展のために植民地をひどく搾取したことは明らかである。しかし他方で、植民地の社会機構に有用な貢献をしたことも確かである。イギリスは、植民地に民主主義制度や近代技術、そしてある程度の産業化を導入した。東インド会社に征服される以前は、民主主義はインドではなじみのないものだった。しかし、イギリスに留学したインド人のインテリたちは、英語を学び、イギリスの法律や議会支配の概念を学んだ。そのため、独立後のインドは、イギリス帝国への併合前の支配形態だった君主制や独裁制に逆戻りすることはなかった。

また、イギリス人は、インド人をその最も憎むべき社会的慣習から解放させることに成功した。例えば、何世紀も続いていたサティの慣習（未亡人を死んだ夫と一緒に生きたまま焼く慣習）は違法とされた。イギリスの法律、言語、文化は、元植民地で今でも健在である。

アメリカビジネス帝国

ビジネス帝国という言葉は、通常、とても金持ちな人々のことを思い起こさせる。億万長者たちが世界中に広がる裕福で巨大な企業を所有していると、一般には考えられている。このように、ビジネス帝国は大抵、裕福な人々や裕福な人々のグループと連想して考えられ、この言葉が国について使われることは滅多にない。では、アメリカ合衆国はどういう意味でビジネス帝国といえるのだろうか。

先に簡単に述べた二つの植民地帝国（近代の帝国と古代の帝国）には四つの共通した特徴が見られる。第一に、帝国は軍の将校によってであろうと、商業活動によってであろうと、武力によって建設される。第二に、支配国はその植民地から安価な労働力を確保する。第三に、植民地は輸出超過になって、その支配国の人々の生活水準や消費レベルを押し上げる。最後に、支配国の言語や文化が植民地に広まる。

ここに挙げた四つの特徴のうちの三つまでが、今日アメリカの世界に対する影響に当てはまる。アメリカ合衆国は他の国々を征服しようとはしない。そうするだけの軍事力はもっているが。しかし、アメリカはその経済政策と多国籍企業によって、かつて帝国のみが得ることができた恩恵を享受することが可能になった。

第二次世界大戦のあと、アメリカは自由貿易と投資の経済政策を追求した。この政策により、アメリカは、戦場では確保することができなかった特権を獲得した。朝鮮戦争では、中国と北朝鮮が持ちこたえて引き分けとなり、この戦争の決着はつかなかった。

ベトナム戦争では、アメリカは軍事的には圧倒的優位にあったにもかかわらず、大敗を喫した。しかし、アメリカは軍事的に獲得しそこねたものを、経済および企業政策によって獲得したのである。

今日、中国もベトナムもアメリカとの取引の拡大を求めている。中国は合衆国との貿易に依存しており、一方のアメリカは、次第に中国のアメリカ国債保有に依存するようになっている。アメリカは他の国々を政治的に支配してはいないが、商業的には支配している。この支配は植民地帝国のそれよりずっと浸透している。なぜなら、過去の軍事的支配は、世界の土地と人口の四分の一ほどを包含したに過ぎないが、アメリカの企業および文化的影響は、今や、事実上、地球全体に広がっているからである。

一九八九年のベルリンの壁の崩壊と、それに続くソビエト共産主義の崩壊により、アメリカは世界唯一の超大国となった。第二次世界大戦後、世界はアメリカブロック、ソビエトブロック、そして非同盟諸国グループの三つのブロックに分割された。資本主義国のアメリカ合衆国と共産主義国のソビエト連邦は、非同盟諸国への影響力をめぐって熾烈な競争を展開した。アメリカは非同盟諸国に多額の財政支援を供与したが、非同盟諸国の多くは、専制的なソ連や核兵器を備えたその強大な軍隊を恐れながらも、敬意を抱いていたのである。第三世界の多くの国々では、資本主義思想より共産主義イデオロギーのほうがポピュラーだった。西欧でも、時々左翼政党が選挙に勝利した。それは、ソビエトの制度に近いからだった。このように、ソ連は経済的にはアメリカに及ばなかったが、国内外で恐怖とともに敬意を抱かせたその専制的な政治システムによって、第三世界における影響力はアメリカより大きかったのである。

しかし、これらすべては、一九九〇年初頭のソ連帝国の分裂後、突如変化した。ソ連の衛星国であるポーランド、ハンガリー、東ドイツ、チェコスロバキア、ルーマニアなどで、ロシアの影響は弱まった。一方、旧ソ連の諸州、ウクライナ、グルジア、アゼルバイジャンなどは、ソビエト連邦から分離した。その結果、一九九一年以降、ロシアは経済不況に見舞われ、それは今だに尾を引いている。

ロシアが経済的に落ち込み、国内の政治不安に明け暮れるなか、アメリカは今や世界最大の軍事大国となった。冷戦時代は、ソ連はほとんどいつも、アメリカ経済と外交政策を糾弾し、米露間の協力はほとんどなかった。しかし、今、ロシアは経済を安定、発展させるために、西側からの財政支援を必要としている。ロシアがアメリカの外交政策のイニシアチブに反対することはほとんどなくなり、アメリカは世界の主要軍事大国となった。例えば、一九九一年の湾岸戦争で、アメリカはその連合軍の先頭に立ってイラクに侵攻し、ロシアはそれを見過ごした。しかし、冷戦時代であったなら、イラクのクウェート侵攻を世界中がいかに厳しく非難したとしても、このようなことは起こらなかっただろう。アメリカは石油価格を引き下げるために、武力で応えた。ソ連は石油輸出国なので石油価格の高騰によって恩恵を受けるため、イラクと同盟を組んだであろうし、それはアメリカを抑えるには充分だった。しかし、今では状況は異なっている。現在、主にアメリカ軍を抑制するのは、他国から譲歩を引き出すための不当な武力行使を許さない、アメリカ国内の世論であろう。

植民地帝国では、支配国は最も強い軍隊をもっていた。今日のアメリカは、独自の植民地こそ所有していないが、その軍隊は世界最強である。このためアメリカは他国がもたない政治的影響力をもつことができるのである。少なくとも、アメリカの他国に対する、あるいは国連における政治的影響力は、他のいかなる国の影響力をも超えている。これはアメリカが帝国であることを意味しているのだろうか。必ずしもそうとは限らない。しかし、それはアメリカの世界的な影響力の全体像を検証するとき、銘記しておくべき要因ではある。

帝国の第二の特徴は、支配国家がその植民地から安い労働力を得られることである。確かにこの特徴は今日のアメリカに当てはまる。アメリカは二つの方法で安い労働力を得ている。まず、合法および不法移民の流入により、アメリカの労働供給が拡大し、国内賃金が抑制される。不法移民のほとんどはメキシコやラテンアメリカからやってきて、最低賃金で働く。移民の流入がなければ、アメリカの賃金はずっと高いものになるだろう。ここで言及しておかなければならないのは、人々はアメリカへの移住を熱望し、その移住は自発的に行われるということだ。それは、この国が豊かで自由な土地だからである。次に、アメリカの多国籍企業は、ラテンアメリカ、アジア、アフリカなどで数多くの労働者を雇用し、現地レベルの賃金（米国内賃金からすればわずかな額）を支払っている。児童労働を含むこの労働力によって生産された製品がアメリカへ輸入され、アメリカの賃金はさらに押し下げられる。しかし、それによって多国籍企業は高い利益を得ることができ、また管理職は異例な高収入を得ることができる。ここでも、アメリカは武力を行使せずに自然にこれらの利益を得ているが、その利益はビジネスエリートのためのものであり、彼らがそのほとんどを獲得している。アメリカで最も裕福な階級はビジネスマンである。一九八〇年以来、他の階級の人々の収入は停滞しているのに、ビジネスエリートの収入と富は急上昇してきた。ビジネス階級の税負担は減少する一方で、貧困階級および中産階級の税負担は大きく上昇している。したがって、アメリカビジネス帝国では、過去の植民地帝国と同様、海外からの安い労働力が、エリート階級に大きな利益をもたらしているのだ。

帝国の第三の特徴は、たいへん興味深いものである。支配国がその植民地に対して貿易黒字を強制する一方で、支配国自体は、その国内の消費レベルを押し上げるために、貿易赤字状態にあることだ。同様にアメリカも、一発の銃弾を発砲することなく、一九八三年以来、世界に対して高い貿易赤字レベルを保っている。古代ローマは、その属州に重税を課し、徴収した税収で貿易赤字の一部を賄い、実質上、属州から無料で一定の物品を獲得していた。イギリスも、イギリス人総督や軍人が属領に提供する行政サービスに対して、高い代価を支払わせることで、属領から無料で物品を得ていた。アメリカも今日、世界から無料で一定量の製品を得ている。どうしてそれが可能なのだろうか。

ドルは世界で最も通用する通貨であるので、貿易の拡大にともない、より多くのドルが必要になる。ある国の通貨が、通商を行うために世界的に通用するものである場合、それは基準通貨と呼ばれる。ドルは基準通貨であり、円、ポンド、ドイツマルクなどもそうである。しかし、すべての基準通貨のなかで、ドルが最も通用する。世界の国々は、ポンドやマルクや円の買いだめはしたがらないが、一九八三年以来、ドルの買いだめをしている。すなわち、アメリカはその輸入超過分（輸出より輸入の多い分）をドル紙幣で支払っているのであり、そのための目に見えるコストといえば、ドル札、特に世界の国々で大変好まれる一〇〇ドル札などの高額紙幣を印刷するコストのみである。

これらの高額紙幣は、アメリカ国内より国外でより多く流通している。世界の国々が、品物と交換に喜んで紙幣を受け取る理由については後述する。ここではアメリカが一九八〇年代、一九九〇年代と世界の国々に対して持続的な輸入超過を保ちながら、それに対する代価は全く負担していないことを言及するにとどめておこう。

ある国が、金や銀を輸出することなく、自由国家に対して持続的な貿易赤字を抱えていることは歴史上かつてないことだ。しかし、アメリカは何とかそれをやって退けた。確かにこの国は一九世紀にも持続的な輸入超過だったが、そのときはヨーロッパがアメリカの投資プロジェクトにお金を貸すことで、輸入超過分を賄った。しかし、今ではそんなことは重要ではないようだ。世界はドル紙幣を獲得し、それをアメリカの株式及び債券市場に投資する。通商のプロセスが逆転したのだ。過去には、国が海外からお金を借り、その貿易赤字を埋めたので、赤字は借入額により制限された。しかし、アメリカは今、輸入したい放題輸入し、世界はドルを蓄積する。もちろん、他の国々はまだ旧来の規則に従っている。イギリス、日本、ドイツなど他の基準通貨国でさえ、輸入超過を続ければ、通貨価値は下落するし、国債に外国の投資家を引きつけるために、金利を上げざるを得ない。しかし、アメリカは今日、膨大な貿易赤字と強力な通貨をもつ唯一の国である。これはすべてビジネス帝国のたまものである。貿易赤字は各国の生活水準を比較する際、非常に興味深い特徴を示す。

通常、国の生活水準を測る基準として、国民一人当りGDP（国内総生産）が使われる。この基準でみると、アメリカはスイスやドイツより劣っている。しかし、一人当りの消費レベルを比較すると、アメリカが第一位である。これはある国の実質的な消費量はGDPプラス貿易赤字、あるいはGDPマイナス貿易黒字に匹敵するからだ。明らかに、アメリカ人はそのビジネス帝国から大きな恩恵を受けている。これがいつまで続くかについては、最後の章で検証することにしよう。

帝国の第四の特徴は、帝国の領土に、支配者の言語、習慣、文化が普及することである。この点でも、アメリカは同様の特権を享受している。英語はほとんどの国々において、エリート階級の言語である。これに関しては、アメリカと同じぐらいイギリスに負うところが大きい。アメリカの出版社で出版されたフィクションおよびノンフィクションの書物は、世界で最もよく読まれている。アメリカのポップカルチャーや音楽を好む若者がそれらを熱心に買い求めている。アメリカは映画やテレビ番組の最大の輸出国でもある。

世界中のティーンエージャーは、自国の政治指導者より、アメリカの映画スターのことをよく知っている。マクドナルドのようなファーストフードは、単なるアメリカでの現象ではなく、今や世界的な現象になっている。また、アメリカの物質主義は世界の若者の間に急速に伝播している。外国のテレビ番組や映画では、アメリカの娯楽番組と同じ様なセックスや暴力が描かれるようになっている。

アメリカの影響のおかげで、資本主義が世界中に広がった。ソビエト共産主義とそのイデオロギーは、もはや存在しない。同様に、中国も急速にアメリカの生産技術や方法を取り入れている。中国の国営企業のほとんどは、効率化のために解体されたり民営化されたりしている。今日では中国の経済共産主義は、名目上存在しているにすぎない。

アメリカの世界的影響力は一九九〇年代にその頂点に達したといっても過言ではない。それは第二次世界大戦直後にアメリカが獲得した世界的な地位をも上回る。戦争で、世界のほとんどは破壊されたが、アメリカ経済は無傷で残った。アメリカの産業に競合するものはなかった。しかし、資本主義のイデオロギーは左翼思想からの挑戦を受けた。共産主義はあまり成功したとはいえないが、信奉者が何百万人もいた。第二次世界大戦でのソビエトのアメリカとの連合、それに続く一九四九年の中国革命で、共産主義は資本主義より道義的に優れている、という感覚を持たれるようになった。資本主義は金持ちのためのイデオロギー、共産主義は大衆のためのイデオロギーであるかのようにみえた。しかし、今となっては旧敵のロシア、中国、ベトナムは、みなアメリカとの経済的つながりの拡大を求めているのが現状である。

さらに、アメリカは戦後(一九四五年から一九七〇年迄の二五年間は)ずっと貿易黒字を続けてきた。帝国の大きな特徴は、支配国がその貿易赤字を通して植民地から製品やサービスを無料で得ることである。アメリカの場合は、一九八三年以来この特権を享受している。

アメリカ多国籍企業の支配力

インドやメキシコのような発展途上国を含む多くの国々が、多国籍企業を持っている。しかし、アメリカの多国籍企業は、独自のカテゴリーに入る。アメリカ多国籍企業のトップ(CEOあるいは経営最高責任者)は、世界最高の俸給を得ている。日本、ドイツ、フランス、イギリスも多くの世界企業を持っているが、その経営者の収入はアメリカの経営者の三分の一ほどである。アメリカのビジネスマンの特権は全く際立っている。たとえ経営者が解雇されたとしても、巨額の手当パッケージを受け取る。一九九六年に、ある企業がそのトップを無能を理由に解雇したが、退職手当として九千万ドルを支払った。また、別の企業は、ある経営者の死後に遺族に支払われる資産として三億ドルを与えた。

アメリカのビッグビジネスは、他の国々と同じように、政治家を擁している。民主党も共和党も、裕福な産業界から恩義を受けている。一九九六年の議会選挙および大統領選挙では、およそ一〇億ドルが費やされた。もちろん、資金の提供者はその投資に対して潤沢な報酬を得る。場合によっては、彼らの投資回収率は献金の百倍にもなることもある。つまり、彼らがある政治家に提供したお金一ドルにつき、一〇〇ドルの税免除、あるいは国の公共事業の請負契約を獲得することができるということだ。

アメリカのビジネスエリートは、昔のローマの将軍たちのように、経済、社会、政治を支配している。アメリカ政治は今まで以上にお金でコントロールされている。その結果、税負担は次第に富裕階級から貧困層および中産階級の肩へとシフトしてきている。一九五〇年から一九八〇年まで、高額所得者層の所得税率は七〇％から九〇％、そして低所得者層に課せられる社会保障税は四％から九％だった。しかし、一九九七年までに、所得税率の最高は三九・六％まで下がり、社会保障税は一五・三％にはね上がった。富裕階層の献金者が政治家から得る具体的な恩恵とはこういうものなのだ。

税負担の貧困層への移行は、投資および成長促進の名のもとに正当化された。私が自著

『アメリカの大きな偽り（Tte Great American Deception）』の中で示したように、一九八〇年代及び一九九〇年代、投資率は少ししか低下していないのに、経済成長率が急激に低下した。これはちょうど、産業界が政界への投資に対して、膨大な報酬を得ていた頃に起こった。一九五〇年代には企業は連邦税徴収額の二五％を支払っていたが、一九九七年には企業の税負担分は一〇％にまで下がった。より多くの資金を投資に回したのだろうか。そうではない。そんなことができるはずがない。貧困層や中産階級への過酷な税負担のせいで、消費者の需要は以前ほど伸びなかったではないか。売り上げが伸びなければ、どうして投資を増やすことができようか。

資本主義の産物——深刻化する所得格差

ビッグビジネスがアメリカ経済を完全に牛耳り、その工場が海外の安い労働力を利用していることを考えれば、その経営者たちの賃金が急上昇しても驚きではない。しかし驚きなのは、生産性が向上し続けているのに、労働者の実質賃金が着実に減っていることである。

図１・労働者と管理職の実質賃金指数 1976年〜1997年

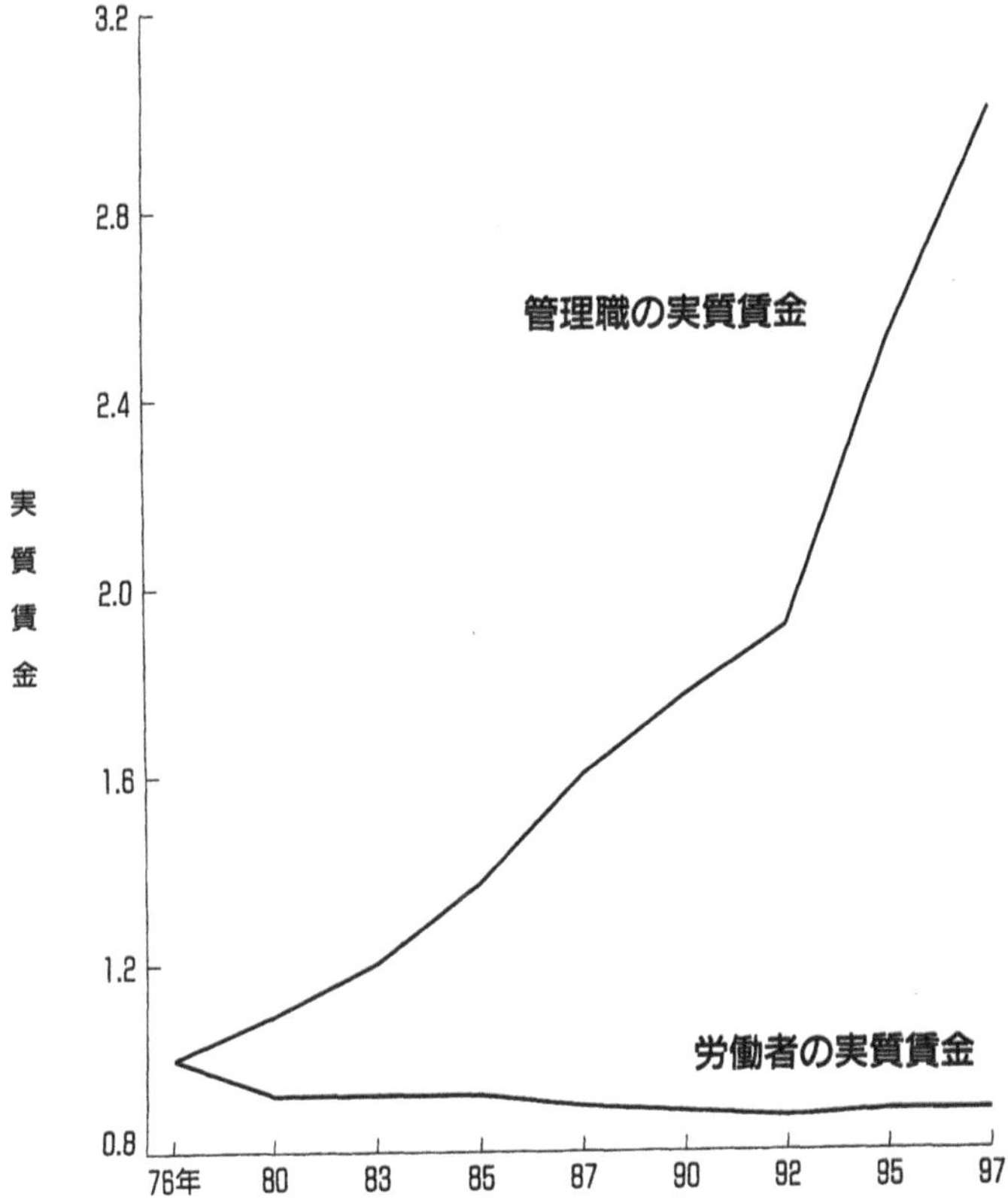

出典　ラビ・バトラ『アメリカの大きな偽り』およびニューヨークタイムス

図2・アメリカにおける富の集中：1929年～1995年
（単位：パーセント）

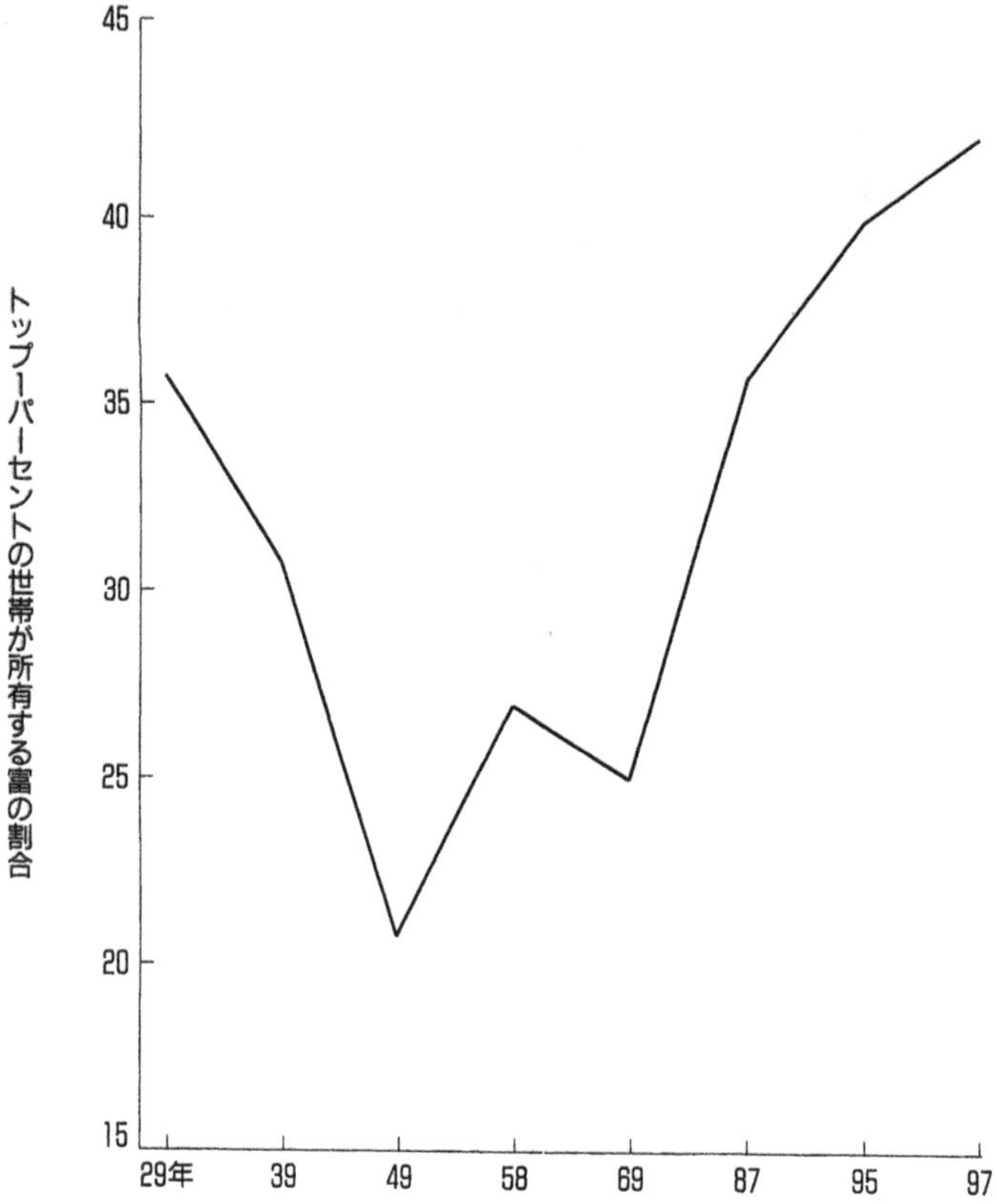

出典　ラヒ・ハトラ「アメリカの大きな偽り」およびニューヨークタイムス

経営最高責任者とその従業員の実質賃金指数を表わした図1を見てみよう。実質賃金とはその人の俸給の購買力を指している。一九七六年の両者の賃金指数を一とするなら、一九九七年までに管理職の指数は一七五%上昇し、同時期、労働者のそれは一四%低下した。その上、労働者の税負担は跳ね上がり、管理職のそれは大きく減った。

ビッグビジネスがアメリカを支配しているという点に疑問が感じられるだろうか。

図1からは感じられない。

図2は富の格差の動向を示したものである。収入と富の違いはなんだろうか。収入とはある人が仕事や投資から稼ぐものである。富とは蓄えられた資産、あるいは過去から受け継がれた資産である。富の場合、その格差はさらにすさまじくなる。

図2は一九二九年から一九九七年までの富の格差の動向を示している。大恐慌が始まった一九二九年には、アメリカ人の一%が国の富（資産）の三六%を所有していた。一九四九年までにその割合は二一%に落ちた。それから着実に上昇し始めて、一九九七年にはアメリカ人の一%がアメリカの富全体の四二%を所有していた。

アメリカビジネス帝国がその勢力範囲を拡大しつつある中、世界中で収入および富の格差が拡大していることは驚きではない。資本主義の普及は、世界レベルで不平等が拡大しつつあることを意味する。それは中国でも、ロシアでも、そして旧ソビエト衛星国においてさえもそうである。不平等の拡大は、常に貧困の拡大と経済の不安定を招いてきた。

アメリカ経済のグローバル化

アメリカはどうやって世界最大のビジネス帝国を築くことができたのだろうか。この質問の答えは、アメリカ企業のトップたちが、どうやって膨大な俸給と富を得ることができたのか、という疑問にも答えてくれる。

第二次世界大戦直後、アメリカは地球上最も強力な経済大国だった。その産業力に肩を並べるものはなく、その技術は世界の羨望の的だった。興味深いのは、アメリカが外国との貿易にほとんど依存していなかったことである。一九五〇年、アメリカの輸出はGDPのたった五%であり、輸入はGDPの四%だった。経済学の専門用語でいえば、アメリカはクローズド・エコノミー（封鎖経済）であり、海外からの競争に対して開放されてはいなかった。

それとは対照的に、戦争によってロシア、中国、日本、ドイツ、イタリア、フランス、イギリスなどの経済は破壊されていた。高揚する共産主義の潮流を封じ込めるために、アメリカはマーシャルプランと呼ばれる計画と、グローバル化政策に着手した。その意図は、財政支援とアメリカとのより自由な貿易によって、ヨーロッパの迅速な成長を可能にすることであった。また、アメリカは、日本への技術輸出と日本の輸出品に対しアメリカ市場を開放することで日本を援助した。こうしてアメリカは同盟国との関係を築き上げ、ソ連や中国からの共産主義の脅威に対抗しようとしたのである。

アメリカの援助と貿易に力を得て、西ヨーロッパ、そして特に日本は、急速な成長を遂げ、意外にもアメリカの強力な競争相手となってしまった。アメリカのビジネスマンたちは戦争に打ちのめされた国々から、このような挑戦を受けるとは全く予見していなかった。一九七〇年までに、アメリカの貿易黒字は貿易赤字に転換し、世界にドルが溢れた。

今日とは異なり、当時まだ他の国々は、貿易黒字の代りとして、アメリカドルをいつまでも受け入れるつもりはなかった。世界では金による支払いが求められ、アメリカは金を大量に持っていたものの、持続的な貿易赤字を賄うには充分ではなかった。

G7（アメリカ、カナダ、イギリス、フランス、ドイツ、イタリア、日本）間の、長期にわたる貿易交渉の末、一九七三年にドルと金の連動は断ち切られ、世界は固定為替相場制から変動相場制へと移行した。その年まで、国際金価格は一オンス（約28グラム）あたり三五ドルと定められ、その他の通貨はすべてドルに連動していた。例えば、円は一ドル三六〇円と定められていたが、一九七三年以降、ドルは下落し始め、円が上がり始めた。通貨価値はもはや固定されたものではなく、需要と供給の市場要因によって決定された。変動為替相場によって貿易赤字がなくなり、したがって、アメリカは金を輸出する必要もなくなるだろうと考えられた。一九七〇年代には確かにその通りのことが起こり、アメリカの輸入超過はほとんどなくなった。石油価格高騰によってもたらされた、世界的混乱にもかかわらずである。

経済状況は一九八〇年代に入って劇的に変化した。高いインフレと、それを銀行貸付けの抑制によって抑える必要性があったため、アメリカの金利は急激に上昇した。高い金利を稼ごうと、外貨がアメリカへ殺到した。これによってドルの需要は高まり、ドルの騰貴が起こった。通貨が高くなると輸出品が高くなり、外国製品が安くなる。その結果、アメリカの輸出は減る一方、輸入は増大した。そして再び貿易赤字に舞い戻り、今度は永遠にその状態が続いた。

なぜ世界は商品やサービスと交換に、喜んでドル紙幣を保有するようになったのだろうか。大きな変化は日本で起こった。日本では消費者需要が以前ほど急激に成長していなかった。従来の高いペースで生産を増大させるために、日本の企業はその製品を海外、特にアメリカへ売るようになった。このため彼らの手元にはドルがどんどんたまっていったが、少なくとも生産成長率を高く維持することができた。

一方アメリカ政府は、その増え続ける財政赤字を補うため、巨額の借入れをする必要が生じた。日本の企業及び日本銀行は、その余剰のドルの一部を利用して、アメリカ国債を買った。また別の部分はアメリカの工場や不動産の購入に当てられた。

日本の余剰外国為替のアメリカ資産への再投資は、通常ならアメリカの貿易赤字にともなって起きたであろうドル安を防止した。これは日本にとっても都合の良いことだったが、その過程で日本は外国の要求にますます依存するようになっていった。

一九八五年以降、G７諸国はアメリカの赤字を減らすため、ドル安政策を採用した。ドルの価値は他の通貨に比べて大きく下落したが、赤字はなかなか減らなかった。その主な理由は、数年間にわたるアメリカのグローバル化政策の結果、工業品輸入がアメリカ市場に流れ込んできたからだ。その過程で、国内の産業基盤は縮小した。自動車、家電、工作機械、繊維、靴など、いくつかの生産部門が後退していた。ドル安にもかかわらず、商品およびサービスの国内生産は、国内需要を満たすほど高くはなかった。国内生産と国内需要の差が貿易赤字へとつながった。

日本は一九五〇年以降、驚異的な経済成長を遂げた。四〇年間ずっと、ほとんど例外なく、この国は毎年平均８％の割合で成長し続けた。それは韓国、台湾、シンガポール、香港、さらに中国など周辺諸国にとっての模範となった。これらの国々は日本を見習い、まず巨大な産業基盤を作り上げ、それから工業品を海外、主にアメリカへ輸出した。もし、その過程でドル紙幣を受け取り、それをアメリカ国債に再投資しなければならないとしても、それは仕方がないことだと思われていた。日本はこれで非常に成功した。そしてアジア諸国も同じ道をたどった。

アジア諸国がそのような政策をとった結果が表１に示されている。アジア諸国は、主にアメリカ連邦政府の発行した国債という形でドルを蓄積した。一九八七年三月、アメリカ国債の外国保有高は二、七三〇億ドルに達した。その一〇年後、その額は一兆一、九九〇億ドルに跳ね上がった。確かに非アジア諸国、特にイギリス、カナダ、ドイツなども多くのアメリカ国債を蓄積したが、新しく発行された国債のほとんどは、アジア諸国が買ったのである。

表1・米国債の外国人所有

年	債券の外国人所有額(10億ドル)
1987年3月	273
1988	333
1989	377
1990	422
1991	464
1992	508
1993	564
1994	633
1995	729
1996	932
1997年3月	1199

出典：公共債務局国内金融次官室（1997年3月）

一九八七年から一九九四年の七年間に、外国保有高は二、六七〇億ドルから六、三三〇億ドル、すなわち三、六〇〇億ドル増えた。しかしその後の三年間、外国保有高はそれより急速に上昇した。六、三三〇億ドルから一兆一、九九〇億ドルへ、すなわち五、六六〇億ドル上昇したのである。つまり、アメリカ国債の外国所有のペースは、一九九三年以来加速しているのだ。一九九六年だけで、外国保有高は二、六七〇億ドルも上昇した。

これには理由が二つある。第一に、アメリカの貿易赤字、あるいは他の国々の貿易黒字が増大し続けていること。第二に、日本の極端な低金利によって、大量のジャパンマネーが高利回りのアメリカ国債へ動いていること。

日本がアメリカの資産に関心を持ち続けていることは理解し難い。日本の企業は一九八〇年代の対米投資によって、巨額の資金を失ったからだ。彼らはアメリカの不動産や工場に大々的に投資したが、アメリカのインフレが下がったことや通貨が下落し続けたため、そのような投資の価値が減少した。しかし、日本が経済不況に突入した一九九一年以来、ジャパンマネーのほとんどがアメリカ国債に流れている（一部はアメリカの株式にも流れてはいるが）。一九九五年と一九九六年に、アメリカ国債の外国保有高がそれぞれ二、〇〇〇億ドル以上も跳ね上がったのは、主に日本の大量購入が原因である。

一九九七年、アメリカの貿易赤字は過去最高の二、〇〇〇億ドル以上に達し、アメリカ国債の外国取得高も、再び記録を更新するに違いない。

帝国の中央と周辺の力関係

世界各国がアメリカの資産に非常な関心を持っていることについて、どうやって説明づけたらよいだろうか。先にも述べたように、一九七〇年代には、各国はアメリカのドルを無期限に保有し続けるつもりはなかった。彼らは輸出超過分の代りにむしろ金を欲しがっていた。しかし、もはやそうではない。この現象を説明するためには、かつての植民地帝国で起きていた同様な出来事との比較が必要がある。

すべての帝国には中央があり、それは他の諸州によって取り囲まれている。中央は支配者やエリート階級によって直接統治され、属州は間接統治の下に置かれる。支配階級のエリートが帝国国家の利益拡大のために、植民地経営を行う。彼らは貢ぎ物や税を徴収し、それらを中央へ送る。エリート自身の権力や特権は、支配者の安寧と結び付いている。属州のエリートたちは、中央のエリートの権力維持のために働く。そうすることで属州民に対する彼ら自身の支配力も永続するからだ。このように、ローマによって任命された属州の総督の自己利益は、ローマの将軍たちの利害と結び付いていた。両者は自らを豊かにし、権力を維持するために一致協力して働いた。

今日のビジネス帝国では、アメリカがその中央にあり、世界の他の国々は周辺諸州にあたる。これらの州の総督たちはアメリカが任命するわけではないが、彼らは自分たちの自己利益は、アメリカのエリート階級の利害と結び付いていると見なしている。日本はこれからもその輸出メカニズムが機能し続け、失業率の増大が阻止できるように、アメリカの繁栄を望んでいる。そこで、日本銀行はアメリカ国債を買い続け、アメリカの金利を抑え、強い経済の維持に貢献している。中国も、他の国々も同様のことをしている。アメリカの富裕者層の利益が、他国の富裕者層の利益とリンクしている。こうした取決めが自発的に行われる結果、世界各国からの商品やサービスが、無料で中央のアメリカへ流れ込むわけだ。アメリカビジネス帝国はこうして繁栄しているのである。理論的にいえば、この過程は永遠に続くことが可能だ。少なくともアメリカのエリートたちはそう希望し、国民にもそう説いている。しかし、それは明らかに不自然な取り決めであり、世界がその余剰商品を紙幣と交換するなどということが、永遠に続くことはありえない。

第二章　アジアのタイガー——本物の虎か、張子の虎か

一九九七年のアジア株式市場の暴落は、七月の通貨危機から始まり、急速に周辺の国々へ波及した。香港、シンガポール、台湾、韓国と、一つ一つ過熱しすぎた市場が暴落した。これらはすべて、その急速な産業発展により、「リトルタイガー」と呼ばれていた国々である。後になってそのリストには、インドネシア、マレーシア、タイ、フィリピンの四ヵ国が加わった。これらは「ベビータイガー」あるいは「アジアの幼獣」とも呼ばれる。この四ヵ国のリトルタイガーと四ヵ国の幼獣あるいはベビータイガーを合わせた八ヵ国を、「アジアのタイガー」と呼ぶことにしよう。

ちなみに中国は、一九八〇年代および一九九〇年代に世界で最も急成長を遂げたが、国が巨大なため、このリストには含まれていない。また、アジアのタイガーたちの成長率は確かに驚異的だが、人口も多く、早いスタートを切った日本が、今だにアジアで圧倒的な経済力を誇っていることを明記しておこう。

アジアのタイガーたちがすべて一九九七年に急激な株価の暴落に見舞われたため、専門家の中には、彼らの基礎体力に疑問を抱く人もいる。またアジアのタイガーは不安定で腐敗しているという人もいる。彼らをひとまとめにするのは不当である、なぜなら、中にはシンガポールや香港のように、ほとんど腐敗していない国もあるからだ。

タイガー経済――共通の特徴

アジアのタイガーたちには、言語や文化の違いこそあれ、急速な経済発展をもたらした共通の特徴が見られる。韓国はタイガーたちの中で最大の国である。韓国経済はベビータイガー四ヵ国全てを合わせたのと同じ大きさである。八つのタイガーのうち、香港とシンガポールの二ヵ国は、自由貿易政策をとっているが、他の国々は、程度の差はあるものの、保護主義政策をとっている。しかし、八ヵ国のほとんどは、貯蓄率が高く、輸出志向の発展戦略をとってきた。輸出依存度に差はあるものの、ほとんどの国がアメリカに対しては貿易黒字である。

輸出集中型の経済戦略を、自由貿易と取り違えるひとがいる。実は両者は非常に異なっている。自由貿易は、輸入に対する関税が低いかゼロである。すなわち、自由貿易とは輸入志向の政策であり、それが必ずしも輸出主導型発展と組合わされるとは限らない。実際、タイガーたちのほとんどは、自由貿易経済というより、輸出主導型経済である。この戦略は表2からも明らかなように、異例の高い成長率を実現させた。

リトルタイガーの成長

四ヵ国のタイガーの成長過程は、二つの時期に分けられる。第一期は一九六五年から一九八〇年、そして第二期は一九八〇年から一九九七年である。両時期とも、リトルタイガーのGDP成長率は非常に高い。特に一九八五年から一九九七年にかけて、G7先進国(カナダ、イギリス、イタリア、ドイツ、日本、フランス、アメリカ)の年平均成長率が五%以下だったことを考えれば、その成長率がいかに高いかがわかる。シンガポールを除く三ヵ国については、両時期とも、輸出も輸入もGDPより急速に成長している。さらに、輸出の成長率は輸入のそれをしのいでいる。これらはすべて、リトルタイガー経済が輸出に先導されてきたことを示している。

表2・リトルタイガー（香港・シンガポール・韓国・台湾）の経済成長率（年平均成長率）

（単位：%）

	GDP（国内総生産）		輸 出		輸 入	
	1965~80	1980~97	1965~80	1980~97	1965~80	1980~97
香港	8.6	6.5	9.1	15.4	8.3	12.6
韓国	9.9	8.0	27.2	11.6	15.2	10.0
シンガポール	10.0	7.6	4.7	13.5	7.0	9.7
台湾	9.9	7.3	15.6	13.0	12.2	10.0

出典：『世界開発報告』（世界銀行）、『世界経済見通し』（ＩＭＦ）

第一期のシンガポールは例外的である。年成長率が一〇％と高いのに、輸出成長率は四・七％、輸入成長率は七％であった。シンガポールは、その発展の初期の段階では、貿易セクターが出遅れていたといえる。しかし、第二期では、シンガポールの輸出入成長率はそのGDP成長率を超えており、この国も他のタイガーたちと同じように輸出志向の発展を遂げている。

このグループの中で特に目だつのは、韓国と台湾である。輸出の成長率が前者は急激に低下し、後者は急激に上昇している。どの国も第二期目には成長率が低下した。これはタイガーたちの経済が成熟したしるしである。

ベビータイガーの出現

一九六五年から一九九七年の同じ時期について、ベビータイガー四ヵ国の発展過程が、表3に表示されている。ベビーたちはリトルタイガーほど急速に成長していないが、フィリピンを除き、世界の他の地域の国々と比較すれば、かなりの成長率を達成していることがわかる。このグループのもう一つの特徴は、輸出がその成長の特別要因ではなかったと

表3・ベビータイガー（インドネシア・マレーシア・フィリピン・タイ）の経済成長率（年平均成長率）

（単位：％）

	GDP（国内総生産）		輸出		輸入	
	1965〜80	1980〜97	1965〜80	1980〜97	1965〜80	1980〜97
インドネシア	7.0	6.6	9.6	5.6	資料なし	4.0
マレーシア	7.4	6.4	4.6	12.0	2.2	9.1
フィリピン	5.9	1.5	4.6	5.1	2.9	6.6
タイ	7.3	7.9	8.6	14.0	4.1	12.2

出典：『世界開発報告』（世界銀行）、『世界経済見通し』（ＩＭＦ）

いうことだ。第一期、マレーシアとフィリピンでは輸出成長率が生産高の増大より劣っているし、その他の二ヵ国は輸出が生産高の成長率を超えているが、あまり大差はない。

第二期、マレーシアおよびタイ経済は、二桁の輸出成長率で、はっきりとした輸出志向が現われるが、インドネシアとフィリピンはこの点では控えめである。特にフィリピンは成長率が大きく減退しており、タイガーの資格がないことが明らかである。

リトルタイガーとベビータイガーのもう一つの決定的な違いは、対外債務のレベルである。リトルタイガーのうち、韓国のみが一、一〇〇億ドルにのぼる多額の債務を抱えているが、その経済の規模からすれば小さなものだ。他の三ヵ国は巨額の外国為替を蓄えている。一方、ベビータイガー各国は、世界の大債務国である。実のところ、これらの国々の近年の成長は、主に海外からの借入れに依るところが大きいようだ。そう考えると、その成長力に翳りが感じられる。このグループ各国は、タイを除いて、第二期には債務が生産高よりずっと急激に伸びたにもかかわらず、成長率が落ちている。タイは確かに成長率を向上させたが、それは主に外債の助けを借りてのことである。

これは表4を見れば明らかである。インドネシアは世界最大の債務国の一つであり、その対外債務は一九九五年には一、〇八〇億ドルに上った。

表4・対外債務

	債務水準（10億ドル）		GDP比債務（単位：%）	
	1980	1995	1980	1995
インドネシア	21	108	28	57
マレーシア	7	34	28	43
フィリピン	17	39	54	52
タイ	8	57	26	35

出典：『世界開発報告』（世界銀行）

その他の国々は対外債務はそれほど多くないが、その累積借入金はＧＤＰの大きな割合を占めている。このようにベビータイガーの成長力は、全体的には見事なものだが、不安材料となる山のような対外債務(それは不安材料である)が汚点となっている。これが彼らの発展計画の基盤であるが、それは失業や賃金カットなど、予期せぬ苦痛を引き起こすかもしれない。インドネシアの債務がＧＤＰの五七％を占めているのが気がかりだ。他の国々も同様の問題を抱えている。

結論は明らかである。タイガーの経済は、インドネシアとフィリピンを除き、一九六〇年代半ば以来、輸出志向の発展戦略をとってきた。彼らは全般的生活水準の向上に見事成功し、インド、ブラジル、メキシコのように国内での独占企業に依存して高度成長の環境を生み出した発展途上経済よりも、ずっとよい業績を上げてきた。インドやラテンアメリカは輸入抑制の政策を採用し、国内生産品を輸入品にとって代らせた。彼らはアメリカ、カナダ、オーストラリアなどの歴史にならったのだ。これらは一九世紀、関税と輸入代替政策の傘の下、先進経済国になった国々である。しかし、インドやラテンアメリカが忘れてしまったのは、欧米の先進経済は高関税を取ったのみでなく、国内産業同士の厳しい競合をも奨励したので、外国との競争はほとんどなくても、地元の企業同士の活発な競争が行われた、ということだ。

タイガーたちの驚くべき経済的成功をみると、保護主義は悪い政策ではないが、保護主義と国内独占企業の組合せが問題となることがわかる。日本は保護主義政策をとって非常な成功を遂げ、その経済を、第二次世界大戦による完全な荒廃から、たった四十年間で産業大国へと転換させた。この成功の秘密は、激しい国内競争の環境の中での輸入代替であった。

最終的に本当に重要なのは競争である。人口の多い国は、大規模な工場による効率的な生産を享受するために、輸出市場を必要とはしない。だから日本、インド、ブラジルなどは外国市場は必要ないが、国内競争が必要なのである。

しかし、ほとんどのタイガー諸国のような人口の少ない国にとっては、輸出市場が必要であり、輸出志向の戦略が好ましい。結局、アメリカも、一九世紀、工業製品に対して最高一〇〇%の関税をかけ、六〇年間ほどのうちに世界の主要産業国となった。その過程で保護主義をとったアメリカは、産業革命のレースで一足先にスタートを切り、長いリードを保っていたイギリス、フランス、ドイツなどの経済を打ち破った。

東南アジアの奇跡

一九六五年から一九九七年の間に世界で急速な成長を遂げた約一〇ヵ国のうち、八ヵ国が東南アジアという一地域に位置しているのは単なる偶然だろうか。八ヵ国の中には、中国、リトルタイガー四ヵ国、そしてアジアの幼獣三ヵ国（マレーシア、インドネシア、タイ）が含まれている。日本を抜きにしても、アジアは一九六〇年代半ば以来、最も急速に成長している地域である。日本を含めれば、アジアは明らかに世界の経済成長レースの勝利者になるが、日本については別途次の章で考察する。なぜなら、日本は一九七〇年代半ばまでに先進国のエリート集団の仲間入りをしているが、他のアジア諸国については、急速に繁栄しているとはいえ、まだそれと同じレベルに達したとはいえないからだ。

東アジアの驚異的な成功の秘密（リトルタイガーとベビータイガーの輸出志向）についてはすでに検証した。しかし、歴史的にみると、輸入志向型発展も輸出志向型戦略と同じぐらい成功をもたらす可能性をもっていることも明らかである。したがって、東南アジア経済の奇跡の裏には、何か他の要因があるに違いない。これらの成功要因については、今まで様々な学者が広範に考察してきた。

アジアのリトルタイガー四ヵ国は、日本同様、天然資源が少なく、人口密度が高い。このことを考えると、彼らの成功はますます驚異的だ。タイガーたちの資源は、教育レベルの高い、統制のとれた労働力であった。彼らは新しい技能を容易に習得することができた。一九六〇年以降、これら四ヵ国はみな高等教育にお金をかけ、新しい学習施設を建設した。また最も優秀な学生を海外、特にアメリカへ留学させ、新しい技術を学ばせた。当初、韓国と台湾にとっての決定的な要因は、アメリカからの援助および技術輸出であったが、これは香港やシンガポールのような都市国家においては、あまり重要な要因ではなかった。

一九五〇年からの二五年間に、韓国はアメリカから国民一人当り五〇〇ドル相当の援助を受けた。台湾は国民一人当り四二五ドルを受け取った。しかし、インドやパキスタンのような他の国々も先進国から多額の援助を受けたにもかかわらず、韓国や台湾のような有望性は示さなかった。韓国と台湾の発展において、海外からの投資、開発援助、技術は重要だったが、ひとたび成長のエンジンがスタートすると、そのスピードは自国の貯蓄、技術、投資によって維持されたのだ。

韓国や台湾とは異なり、香港はその発展の初期段階でさえ、海外からほとんど援助を受けていない。外国の民間企業からの投資もなかった。それは当時、民間企業の投資のほとんどが、香港では不足していた原料生産につぎ込まれたからだ。当時、イギリスの植民地だった香港は、結局、繊維、電気製品、時計など軽工業に集中した、労働集約型の工業化計画に着手した。この生産品のほとんどは、市場開放を促進していたイギリスやアメリカへと輸出された。実際、欧米の貿易自由化は、リトルタイガーやベビータイガーを助ける結果となったのである。しかし、輸出のイニシアチブを最初にとったのは香港だった。そして今日、香港はおそらくアジアで最も裕福な都市である。税引後の国民一人当りの所得でいえば、日本より豊かなのである。

一方、シンガポールは全く違う進路をたどった。韓国や台湾のようにシンガポールも外国からの援助に助けられて発展のエンジンをスタートさせた。しかし、その援助は政府間の援助ではなく、直接投資という形で外国の民間企業から提供された。欧米の多国籍企業がこの地域に魅力を感じた理由は、安価で統制がとれた、教育レベルの高い労働力と、低い税金にあった。

リトルタイガー四ヵ国は、その発展の初期段階で、資本をあまり必要としないが、その代わり能力のない労働力を軸とする軽工業に集中した。つまり初期の工業化は、労働集約型製造業を中心に進んだのである。余剰労働力が軽工業に吸収されていくと、タイガーたちは次第に一人当りの資本金がもっと必要なハイテク事業を目指した。こうして、生産性は以前にも増して上昇し、労働者賃金の値上げが可能になった。そして、工業化の成果は一般の人々の間にも広がっていった。他の先進経済や発展途上経済に比べて、リトルタイガー経済で収入格差が少ないのはこのためである。

少ない格差は、長い工業化と継続的な発展を可能にしたもう一つの要因である。収入格差が少ないということは、通常、政治家や官僚の腐敗が少ないことを意味するからだ。腐敗した官僚機構は多くの国々の発展を妨げてきたが、これはタイガー経済では問題にはならなかった。むしろ、タイガーの官僚機構は外資の誘致、円滑な輸送と通信のためのインフラ整備、熟練した労働者を生み出すための技術教育などの必要性をよく心得ていた。少ない収入格差は、韓国や台湾の土地改革、香港やシンガポールでの安価な公共住宅の提供など、政府の政策や経済立法の結果である。改革の目的はすべて、基本的な必需品を誰もが入手できるようにすることだった。

最後に、政府は倹約を奨励した。それは、利子収入に対する課税を低く抑える法律、あるいは、財政引締めによる財政赤字やインフレの抑制を通して行われた。世界のほとんどの国々が、失業率の多少にかかわらず、赤字財政をとっていた時期に、タイガーたちは政府の支出を抑制し続けた。こうして、彼らは継続的なインフレを避け、そして物価上昇によって貨幣価格が減る恐れもなかったため、貯蓄も順調に増えた。初期の発展段階のあと、タイガーたちは、抑制されたインフレのもと、持続的な輸出超過に恵まれ、そのおかげで彼らは、一九八〇年代に発展途上経済の一部を飲み込んだ対外債務およびその結果起こった危機を、回避することができた。

外国からの直接的な投資が国の債務問題を引き起こすという訳ではない。問題が発生するのは、政府やその国の民間企業が、海外からお金を借りる時である。メキシコ、ブラジル、インドネシア、そして今や韓国などの債務問題はこうして生まれたのである。

財政引締めはアジアのタイガーたちの業績の中で、顕著なものの一つである。なぜなら、G7諸国を含む他の世界各国は、多額かつ持続的な財政赤字を抱えていたからだ。現在でも、東西ヨーロッパ、日本、その他多くの国々が、予算不足に悩んでいる。しかし、タイガーたちは、低赤字政策を採用することで、概して健全な財政状態を保ったのである。

流れに逆らって泳ぐのは決して易しいことではない。他の世界各国と同じように、韓国も一九七〇年代後半、高いインフレに悩まされた。しかし、賃金および支出抑制政策によって、政府は速やかに安定したインフレ環境を回復した。

高い貯蓄は、結果として高い投資をもたらす。タイガー各国の財政引締めの結果、非常に高率の投資が起こった。一九九〇年の時点でも、韓国はそのＧＤＰの三七％を投資にあてている。シンガポールも同様だった。香港も台湾もある程度同様である。アメリカの投資率一五％と比べると、タイガー各国の率は驚異的であったし、現在もそうである。当然、彼らの生産性も一九六〇年以降、急速に伸び、それは今日も続いている。

アジアの幼獣のパワー

リトルタイガー四ヵ国に比べると、アジアの幼獣（ベビータイガー）四ヵ国は、それほど成功しているとはいえないが、世界の他の国々に比べれば、ベビーたちの業績もなかなか見事である。前にも示したように、フィリピンを除いて、インドネシア、マレーシア、タイの生活水準はかなり向上している。

ベビータイガー各国はリトルタイガー各国とは少々異なる道を歩んできた。東アジア経済の第一世代（韓国、台湾、香港、シンガポール）は、天然資源が少ないが、第二世代

（インドネシア、マレーシア、タイ、フィリピン）は天然資源に恵まれている。しかし、後者は工業製品を輸出し始めるまで、急速な成長を遂げなかった。ベビーたちはアジアの急進成長国の仲間に入るのが遅かった。しかし、彼らは隣国で非常に成功した方策の一部を取り入れ、その過程で急発展を遂げるようになった。

彼らの成功に共通する特徴の一つは、日本やタイガーたちから誘致した多額の投資である。ベビー各国にも、統制された、教育レベルの高い労働力があった。財政も引締まり、安定していた。こういったことや低い賃金コストなどは、円高に悩む日本の企業にとって、非常に魅力的だった。円高によって輸出は高くなるが、輸入は安くなる。

円は一九七二年以来ドルに対し騰貴し続けていた。一九八〇年代始めに安定したが、一九八五年以降また上昇し始めた。

安い通貨と労働力に誘われて、日本企業はベビー各国に工場を開設した。これらの工場で生産されたものは、一部日本へ戻ったが、ほとんどはアメリカへ仕向けられた。こうして比較的弱いベビー経済は、アメリカ市場に浸透することができた。彼らは日本に対する貿易赤字を抱えたが、一九八〇年代、一九九〇年代と、アメリカに対する貿易黒字が増えた。アメリカ市場にアクセスしてから、マレーシアとタイは世界で最も急速に経済成長する国の部類に入った。

後に、台湾と韓国もベビータイガーに援助を提供した。しかし、フィリピンは、他の国々と同じように、海外からの投資や技術が導入可能だったにもかかわらず、その近隣諸国と同じ進路をとることができなかった。このことから、持続的かつ急速な発展のためには、対外援助や投資だけでは充分でないことを示している。国内の条件もよくなければならないのである。

リトルタイガーとは異なり、フィリピンは、それぞれの地域を独占していた企業を解体せず、結果として国内に競争的環境を造り出すことができなかった。国内競争の欠如は、粗悪な製品と高くて競争力のない価格をもたらした。さらに、この国は、収入および富の大きな格差に悩んでおり、それは腐敗と官僚的無能の雰囲気をつくり出した。

インドネシアはフィリピンと同じ国内問題に悩んでいるが、それでもフィリピンより強い成長を遂げている。それは、両国の間に決定的な違いがあるからだ。インドネシアは世界中で石油価格が高騰した一九七〇年代に、その豊かな石油資源によって急激に発展することができた。しかし石油価格が下落し始めた一九八〇年代初期に、発展のペースが急激に減速した。その時点で、インドネシアは国家の介入を試み、国の貯蓄を資本集約型の重工業に振り向けた。輸入関税の壁に守られ、地域別の独占企業が繁栄したが、成長は伸び悩んだ。

一九八五年から一九八八年の間に、インドネシアは一八〇度方向転換をした。関税をカットし、外国からの投資を奨励し、産業に対する国の関与を減らし、また、国内競争もわずかながら拡大した。そうした転換により、発展のペースが速まり、非石油製品の輸出が拡大した。しかし、一九八〇年代に起こった政府の浪費により、この国は今だに世界最大の債務国の一つなのである。

タイガー諸国の多様な経済環境

これまで、タイガー諸国の経済の基礎をなす共通の特徴について強調してきた。ほとんどが外国からの投資と財政引締めに大きく支えられて、輸出主導型の発展の道を通ってきた。また、彼らはすべて貯蓄と投資を促進する税制政策に依存していた。しかし、重要な違いもある。

主な違いは、それぞれの国における国家の役割の違いである。香港は産業の積極的な規制に関与しなかった唯一の国である。そこでは、労働、製品、金融および株式市場の動きに政府がほとんど干渉しなかった。ただし一九八三年のような危機が起こった場合は別である。そのとき香港ドルと米ドルの比は、7.8対1で固定された。この固定為替ルートは今まで非常にうまく機能し、現在もそのままである。香港は、土地と不動産を除くほとんどのセクターでは、民間企業のモデルをとっているといってよい。全ての土地は政府が所有し、国民に賃貸されている。したがって、国が未開発の土地—そのほとんどは海の干拓によって作られた—を独占的に所有している。土地は一年前に公表された計画に沿って、公共利用に供するために売り出される。地域によっては競売で最高入札者に賃貸される。借地人は売り出された地域を、住宅、ショッピングセンター、オフィスビルなど一定の目的のために開発するよう義務づけられている。

香港では、第二次世界大戦中、住宅のほとんどが破壊された。中国から大量の難民が流入すると、香港では深刻な住宅不足が起こった。そのため、政府は戦前の住宅すべてに家賃統制を課した。一九七〇年、統制は戦後建設された住宅にも及ぶようになった。政府はこれらの措置をいつかは廃止するつもりでいるが、今のところずっと更新し続けている。

不動産セクターへの国家の介入も、政府が安価な住まいを提供するために建設する、公共住宅の形をとっている。国民の約半分が公共アパートに住んでいる。残りのうち、二〇%が家賃統制された住宅に住んでいるのである。国家が大きく介入しているにもかかわらず、香港の不動産市場は非常に活発で利潤が多い。このセクターではさかんに投機が行われてきた。住宅用不動産価格の値上がりは、インフレ率をずっと上回っている。

これには主な理由が二つある。一つは実質利子率(ローンに対して払う利子率からインフレ率を差し引いたもの)がマイナスであることだ。この裏にある考えは単純なものである。利子で儲かると持ち前のお金の価値が高まる。一方、インフレが起こると貨幣の価値は損なわれる。したがって、資金融資の純収益とは、利子率からインフレ率を差し引いたものだ。それが実質利子率である。インフレが利子率を上回る場合、基本的には資金をマイナスの率で借入れることになる。これは投機家たちにとって、借入資金で不動産を買い、暴騰した価格でそれを売る、大きなインセンチブとなる。

不動産暴騰のもう一つの理由は、強力な貨幣騰貴である。高い値段で物を買うためには、それだけのお金が必要だからである。香港ドルは、戦後ほとんどずっと、イギリスポンドあるいはアメリカドルといった外国通貨と連動してきた。その結果、香港のマネー・サプライは黒字状態にある貿易収支と連動している。輸出超過だと外国通貨が入ってくるし、輸入超過だと外国為替の減損が起こる。固定為替相場制度では、外国為替の流入によって国内のマネー・サプライが上昇する。例えば、一九八三年以来、アメリカドル準備金一ドルに対して、香港政府は七・八香港ドルを発行することができる。このことはマネー・サプライが、貿易黒字あるいは外国為替の流入に直接比例して上昇することを意味している。貨幣の暴騰とマイナス実質利子率が組み合わさると、投機熱が起こり、資産価格が高騰する。繰り返し価値が上昇した資産は不動産であり、もう一つは株式であった。

したがって、不動産騰貴と株価騰貴の理由は基本的には同じである。もちろん、収益がしっかり伸びている不動産会社の株価が最も急速に上昇した。したがって、政府が、ほとんどのセクターでは市場諸力に任せながらも、不動産業には大いに介入したことは興味深い。その分野で極端な騰貴が起こった原因の一端はそこにあるかもしれない。

他のタイガー経済は、産業政策をとり、その成功の度合は様々である。産業政策という言葉は、国が国の資源や外債を、優先産業に積極的に割り当てることである。どの産業を優先するかは中央政府が計画を練り、決定する。この点では、シンガポールが最も成功している。シンガポールは、タイガー各国の中で、政府が最も深く介入している国である。政府が所有し、運営している工場もあるが、その経済原則は民間企業のそれと同じであった。民間企業はできるだけ高い収益を上げるため、生産コストを最小限にし、品質を最大限にすることを目的とする。シンガポールの生産関連省庁も、その製品を世界市場に輸出するために同じ経営方針をとった。また、政府は賃金を定めるなど、労働市場にも介入した。賃金は初めのうち、多国籍企業を誘致するため、低めに保たれたが、一九七〇年代に労働力を多く必要とする労働集約型から技術を軸とする資本集約型への移行を促すため、急激に引き上げられた。こうして労働生産性は賃金上昇と連携して向上し、この国は世界市場で競争力を維持することができた。今でも貿易収支は黒字である。

韓国も産業政策を積極的に遂行した。当初は労働集約型で輸出志向の産業に依存した。また、この国は、日本や欧米からの厳しい競争に直面していた資本集約型製造業を促進するため、保護主義政策を採用した。一九七〇年代初め、韓国政府は重工業および化学工業に狙いを定め、関税の引き上げと助成融資によって、六つの産業を築いた。銀行には特定のセクターに資金を融資するよう促し、賃金はシンガポールと同じように統制した。この政策の意図は、鉄鋼、化学、造船、エレクトロニクスを含む六つの産業を世界的に競合できる産業にして、輸出を促進しようというものだった。この計画はいくつかの点では成功したが、失敗した点もあった。

韓国の輸出攻勢は非常に成功した。しかし、金融制度の厳しい統制により、脆弱な銀行の救済措置が必要となった。今日でも韓国の銀行制度は、ある程度の統制を受けている。結局、韓国政府は重工業・化学工業の政策を放棄し、貿易を自由化し、銀行に対する統制の手を緩めた。近年では、賃金政策も放棄し、労働者の賃金は劇的に上昇した。一九九〇年代半ばから、貿易自由化の拡大により、貿易赤字が増えた。韓国は、多額の外債を抱えているため、この貿易赤字は実に大きな問題を引き起こしている。なぜなら、韓国は多額の外債を抱えているからだ。貿易収支が黒字である限り、外債の処理は容易だった。しかし、赤字になると、重大な通貨危機、経済危機が生じかねない。

台湾でも政府がしっかりとした役割を果たした。台湾政府は初め土地改革に焦点を合わせて、農業生産を拡大し、国を食料輸入への依存から開放しようとした。一九五〇年代初期、政府は保護主義政策を採用したが、その後一九五八年以降は輸出促進へと転換した。また、多国籍企業に税制上の特権を与えて誘致した。一九七〇年代に保護主義が復活したが、一九八〇年代初期にはだんだんと放棄されていった。それ以来、台湾経済は巨大な輸出超過と膨大な外国為替準備金を生みだし、台湾はその一部を対外援助に利用している。

これまでの説明で、香港を除き、リトルタイガーの経済発展には、国家が重要な役割を果たしたことが明らかである。しかしその役割の内容は、国によって異なった。今日では、国家の介入は減少しているが、それぞれの政府が経済、特に輸出業績に関して、積極的な監視を続けている。

次に、ベビータイガーの経済について、政府がどんな役割を果たしたかを見てみよう。前にも述べたように、ベビータイガーは、第一世代のリトルタイガーとは異なり、豊富な天然資源に恵まれている。その結果、国家の介入は異なる道をたどった。当初、政府は介入を最小限にとどめる政策をとった。例えば、マレーシアのケースを見ると、マレーシアは豊富な天然資源を持っているため、多くの多国籍企業がこの地域に引き付けられた。海外からの投資と国内の高い貯蓄によって、この国は長期にわたり、高い成長率を維持することができた。

マレーシアの採用した計画は、ほとんど地方開発に関するものであった。最初の三期の五ヵ年計画（一九五六年—一九七〇年）では、政府は基本的に産業政策を持っていなかった。しかし、こういった経済の進路は、一九七〇年以降大きく変化した。一九七一年から一九八五年まで、政府が深く介入して急速な工業化計画に着手し、市場主導型発展によって起こった、収入および富の格差を引き下げたのである。

一九八一年の初め、マレーシア政府は、本格的に保護主義と輸入代替政策をとり始めた。韓国モデルを採用したのだ。実際、マレーシア政府は、韓国から専門家を招き、重工業に重点を置いた工業化計画を立案させた。しかし、マレーシアでは、この計画は不幸にも失敗した。公営企業のほとんどは損失を被った。その後、マレーシア政府は、それまで欠如していた国内競争を拡大するため、民営化戦略をとった。民営化はとても成功しており、この国の長期にわたる発展に役立っている。

インドネシアにおける国の役割は、韓国やマレーシアにおけるそれと似ていることわかる。インドネシア政府は、一時、輸入代替政策をとったが、その後、輸出促進政策へと切り換えた。しかし、インドネシアはさらに歩を進め、その過程で韓国やマレーシアよりずっと大きな債務の山を作ることになった。韓国のような国家支配的な発展へのアプローチは、ベビータイガーの経済では成功していない。

天然資源やアメリカとの密接なつながりを持つフィリピンは、近隣諸国の間でも、経済発展を遂げるには最高の立場にあった。しかしながら、その成績たるや、タイガーたちの中で最悪である。フィリピンの経済発展がうまくいかないのは、その政府とお粗末なリーダーシップのせいだと指摘する専門家も多い。また、一九八〇年代のマルコス政権時代の政情不安のせいにする人もいる。一九九四年以来、フィリピン経済は改善されてきたが、まだまだ先は長い。

最後に、タイにおける国の役割について検証しよう。タイも、長期間にわたってきらびやかな成長を遂げているアジアの国である。この国は一九五〇年代初めには、国家独占企業と保護主義が原因で一人当りGDPが低下し、スタートはお粗末だった。その後、タイ政府は進路を変え、その焦点を民間企業と輸出へとシフトさせた。一九五五年以来、タイ経済はしっかりと着実に成長している。その一方で、関税は一九八〇年まで高いレベルに留まっていた。

類いまれともいえるタイの高い経済成長が、低い投資率を背景に起こったことは興味深い。一九五五年から一九八八年まで、対GDP投資率は平均二五％で、韓国やシンガポールのレベルより低い。しかし、それでも七％以上の成長率を着実に保っているのは非常に印象的だ。一九九〇年代、国内外の投資は激増し、成長率も少しだけ上がった。例えば一九九五年には、対GDP投資率は四三％にものぼっている。

全体的にみれば、タイ政府の経済への介入は、香港のように少なくもなければ、韓国やシンガポールのように徹底的なものでもなかった。実はタイ政府も、重工業や資本集約型産業に集中することで、発展の行方に強い影響を与えようとしたが、不平等の拡大の結果もたらされた政治的、官僚的腐敗によって、国家の政策の多くが妨げられた。

アジアの環境汚染

アジアの奇跡は、同時に、その環境に対する驚くべき犠牲を払って実現された。タイガーたちはすべて、大気汚染や水質汚染に苦しんでいる。台湾の台北は世界で最も空気が汚い都市の一つだ。それは台北が丘に囲まれているからだけではなく、この小さな島の上を六百万台もの車が走っているからだ。インドネシアも、他のタイガーたちと同じように公害騒動に見舞われている。大気汚染の大きな原因は森林火災である。一九九七年夏には、森林火災によって発生した大量の煙の雲が、東南アジア全体に広がった。それは数日間にわたって地域全体を覆い、一面の霧煙のために息をするのが困難になった。

交通渋滞は大都市共通の問題である。タイのバンコクの大気は世界最悪の部類に入る。交通が渋滞すると生活の質が損なわれるばかりでなく、頻繁に渋滞する自動車、トラック、バス、スクーターなどが大気汚染を悪化させる。ちょっとした事故が一つでも起こると、車の流れは何時間も止まってしまう。

大規模な工業化によって河川や湖も汚染された。マレーシア、インドネシア、韓国などでは、石油化学産業がその主犯である。香港とシンガポールでは、水質汚染の原因は主に超人口過密である。小さな島にあまりにも多くの人々がひしめき合っているからだ。環境問題は今後の成長の足枷になるかもしれない。

最近の動き——タイガーの繁栄はすでに終わったのか?

アメリカの圧力で、タイガーたちは製造業のみならず、サービス業も貿易自由化しなければならなかった。香港とシンガポールを除くタイガー各国は、一九八〇年代まで、資本集約型ハイテク製品の輸入に対して、高関税あるいはその他の障壁を維持していた。また、銀行、保険、株式市場への外国からのアクセスも制限していた。しかし、一九九〇年代に入ると、関税は次第に引き下げられ、金融セクターへの外国からの投資も許されるようになり、資本はこれまでよりずっと国際的流動性を持つようになった。貿易自由化と外国資本流入の結果、韓国、マレーシア、タイなどタイガー経済の一部では、輸入が急増しており、深刻な貿易収支の悪化が認められる。

貿易収支が赤字になると、普通なら成長を害するのだが、タイガーたちの工場や株式市場への外国投資は著しく増大している。これによって貿易赤字上昇によるマイナスが中和され、強い成長がまだ続いている。

また、大量の外貨の流入によって、不動産や株式市場における活発な投機が起こった。ほとんどの人は、それもまた一つのポジティブな要因と見なすだろうが、投機的バブルは経済の不安材料ともなる。バブルがはじければ、それに続いて起こる産業縮小と、不況による強い苦痛を経験することになる。あまりにも長期にわたって急速な経済成長をしているため、アジアのタイガーたちの政治において、不況などはとてもありそうもないことのように思われる。しかし、投機熱は最強の経済をも失速させてしまうことがある。「とてもありそうもないこと」が起こりうるのだろうか。それについては後の章で調べることにしよう。

東アジア経済を、張子の虎とあざけてきた専門家たちが完全に間違っていることは、もはや明らかだろう。タイガーたちは多くの分野でおびただしい進歩を遂げ、国民のほとんどを貧困から開放した。中には天然資源に恵まれていないのに、これを成し遂げた国もある。タイガーは本物の虎だったのだ。しかし、アメリカの専門家や政治家たちが強制してきた金融規制緩和の影響によって、彼らは近い将来、ぺらぺらの張子の虎にされてしまうかもしれない。この論点に関しては、以下のページで詳しく検証してみよう。

第三章　日本――病めるライオン

アジアのタイガーたちが模範としたのは、見事に繁栄していた隣国の日本であった。第二次世界大戦では原爆で壊滅的な打撃を受けながら、超大国米国の市場に次々と食い込み、経済超大国としての地位を築き上げた日本。それもすべて、わずか三、四〇年にしてである。教育水準と勤勉度は高いが資源に恵まれない保護主義国日本が、最初は労働集約的な製造業中心から、その後高度の技術を用いた資本集約的な輸出主導型産業を築き上げたその過程を、アジアの虎たちが注意深く見てきたのである。

日本の発展段階の初期は計画経済によるものだった。そして主に米国の圧力のもと、徐々にではあるが規制緩和を進めた。日本の場合、工業化を進める上で重要と考えられた分野が手厚く保護された。日本の成功は、見習い中の近隣諸国にとって大きなヒントになった。アジアの虎たちは、少なくとも成長段階の初期においては欧米流の自由企業経済ではなく、日本のような工業政策を採用し、経済発展を目指した。

アジアの虎の中でもいわゆる「第一世代」は、戦争で疲弊した経済をどうやって立ち直らせるかという、日本と同様のジレンマに直面していた。安全保障上の理由で日本のように米国と同盟関係を結んだ国や地域もあった。韓国と台湾は米国の傘下に直接入り、英国統治下だった香港は、間接的ながらＮＡＴＯ（北大西洋条約機構）や米国の同盟国と関係を持つことになった。それにより防衛上の負担を軽くし、経済の復興に重点を置くことが可能となったのである。

一九九〇年以来、日本は景気後退や不景気に苦しんでいる。不動産、株式市場は混乱し、銀行・保険業界もトラブルが続いた。奇跡の色もすっかり褪せてしまった感じだが、それでも執筆時（一九九七年一一月）においては、日本の経済力は世界第二位なのである。しかも、米国は日本にとって最大の貿易黒字相手であり、一九八三年以来日本の対米貿易黒字額は計一兆ドル近くにのぼっている。アジアの隣国がタイガー（虎）ならば、日本はライオンである。たとえ、今病んでいるとしてもである。

世界経済の現状を理解するためには、日本の奇跡と、それがなぜ一九九〇年代になってしぼんでいったのかを、十分に分析する必要がある。なぜなら、九〇年代東アジアとラテンアメリカでは日本化がみられ、もうすでに近隣諸国に感染した日本経済の悪質な風邪は、まもなく世界中に流行する可能性があるからだ。

アジアのジャパナイゼーション（日本化）

日本化とは一体どういうことだろうか。それは、悪質な金融・債券ブームにあおられたバブル株価と連結した、輸出主導型発展を意味する。輸出主導型発展とは、主に外国の需要に合わせて産業を発展させるモデルであり、国内の賃金や消費が増えるのは、その結果論にすぎない。

発展の初期段階では、輸出主導型は急速な経済成長を遂げるための唯一の方法なのかもしれない。一九五〇年頃、日本は産業の原材料と外国の技術を必要としていた。したがって当時日本が輸出に重点を置いたのは当然のことだった。だが日本にとって貿易黒字は必要なかった。収支バランスのとれた貿易でも、むしろ結果は吉と出たのではないか。問題は、日本や日本型発展の後を追った国々が、輸出重視のあまり、輸出しなければならないという強迫観念にかられてしまったということである。このことと、米国が、グローバル化と金融規制緩和を進めなければならないという強迫観念にかられたことによって、今や世界経済は崩壊の危機に瀕してしまったのである。

輸出にとりつかれた経済は、海外市場の拡大を必要とする。国内の需要は拡大を無視したため、外国の経済政策にあやつられてしまうことになりかねない。貿易黒字が外国市場の拡大とともに増えたとしても、それは内需に増加がほとんど見られないからである。したがって輸出にとりつかれた経済というのは、貿易相手国にとっては目障りな存在となる。それは、その相手国にとっては赤字に苦しまなければならないからである。八〇年代の日本の姿はまさに目障りな存在であり、九〇年代にはますますその傾向が強まった。

日本型経済のもう一つの特徴は、債券・金融市場の活況によってもたらされたバブル株価である。七〇、八〇年代にみられた株式ブームを経験したのは日本が初めてではない。米国も一九二〇年代に体験済みである。しかし、日本の場合は利益にではなく、債券ブームに助けられた部分が大きい。日本の資産バブルと、米国が一九二〇年代に経験した資産バブルの違いはここにある。どちらにせよバブルは最後には崩壊し、活況時には予想もしなかった問題を引き起こしたのである。

一九九七年末現在、日本の銀行システムは崩壊寸前状態である。日本の銀行は惜しみなくアジアの虎たちに金を貸したが、その虎たちの元気がなくなりつつあるのである。心配なのは、これ以上損失がかさむと、超低金利政策のおかげでしのいでこれた主要な銀行すら倒産してしまうことだ。国際的な水準にしたがえば、いくつかの銀行はすでに経営破綻状態だが、預金利率がかろうじて一％を上回っているという状況のもと、資金コストが非常に低いのに助けられていたのである。

一九九七年九月、日本の大蔵省はＧＤＰ（国内総生産）が四半期ベースで三％、年間では一一％も急落したとの報告を出した。これが継続的なものとすれば、日本経済はすでに大不況だったということになる。見通しはさらに暗い。韓国は対外債務と貿易赤字のため、七月にタイから始まった通貨危機の犠牲に早くもなった。その結果資本が逃避し、通貨のウォンが暴落した。そして、気づいてみれば対外債務は増えていたし、外国からの負債を抱えた銀行などは大変厳しい立場に置かれた。

ウォン安は一層の円安をもたらすことになる。一九九五年にメキシコでペソ危機が起きたときのように、ある通貨が下落するとかなりのインフレの原因になりうる。国際市場での競争においては、ある国の通貨の下落は隣国にすぐ飛び火する。市場とはそういうものだ。

しかし、日本はすでに膨大な対外貿易黒字を抱えており、それが日本からの輸出品価格の一層の下落に歯止めをかけることは間違いない。

もし、円がウォンと同じくらい下落したら、日本では韓国からの輸出品の、また韓国では日本からの輸出品の価格に変化はないことになる。しかし、通貨の価値が下がるということは、他の通貨に換算した場合の価値が下がるわけで、日本、韓国とも輸出価格が下がることになる。すでに世界中には日本製品があふれており、欧州や米国などとの摩擦が起きかねない。もしウォン安が円安を上回った場合、かなりの数の日本企業が韓国企業に市場を奪われることは間違いない。だからこそ、一九九七年末現在、すでに弱った日本経済は厳しい不況の瀬戸際に立たされているのである。

なぜ日本は一九九〇年から七年も経っていながら、未だ経済を回復させることができないのか。この点を理解するために、我々は日本がたどった経済発展をふりかえる必要がある。

高度成長時代のミラクル

戦後の日本は、文字通り廃墟の中から立ち上がりめざましい復興を遂げ、特に一九五〇年以降の二五年間で、経済大国といわれるまでに成長した。ふつう年率四―五％の成長でも高い部類に入るものだが、一九五〇年から七三年までの日本の経済成長率は、年平均一〇％を越えた。これほどの長期間、これほどの高成長を達成した例は他にない。日本はその間完全にその姿を変えた。戦争の敗北感は消え去り、発展をめざす国々の模範となったのである。

一九五〇年代の年間成長率は一〇％をやや下回ったが、六〇年代は一〇％をやや上回るようになった。いずれにせよ、五〇年代と六〇年代では国民の生活水準が飛躍的に高まった。労働生産性、平均実質賃金とも急上昇した。表5は一九九〇年を基準とした実質賃金、税負担、税引後賃金、一人あたり実質ＧＤＰ（国内総生産）を表したものである。税負担とは国税、地方税、社会保険料の国民所得に対する割合を示す。

表5をみると、物価上昇分を差し引いた後の一人当たりＧＤＰが一九五〇年はわずか三八万円だったのが、一九七三年には二〇四万円にまで増加したことがわかる。これは二三年間で四三七％もの上昇である。そして税引き前の実質賃金は同期間に三〇七％も増加している。三〇七を四三七で割ると〇・七〇三となり、これはすなわち実質賃金の増加はＧＤＰの増加分の七〇・三％にも及んだことを意味する。

表5・1950〜1975年の常勤雇用者の実質賃金と一人あたりのGDP（1990年＝100）

年	実質賃金	税負担(%)	税引後賃金	一人あたりGDP（単位＝100万円）
1950	19.5	資料なし	資料なし	0.38
1955	26.4	20.0	21.1	0.52
1960	33.1	20.0	26.5	0.77
1965	39.8	22.7	30.8	1.12
1970	58.6	24.3	44.4	1.77
1973	79.4	25.0	59.5	2.04
1975	80.2	25.8	59.5	2.07

1950年の統計は著者か計算。
出典：『日本統計年鑑 平成7年』総務庁統計局、『経済統計年報 平成6年』日本銀行調査統計局、中村隆英『The Postwar Japanese Economy』(2nd, ed) 東京大学出版会、1995年、南亮進『日本の経済発展』(第2版) 東洋経済新報社、1992年

表6・実質賃金と平均生産性の伸び率（1995-1975）

（単位：%）

年	賃金上昇	税引後賃金上昇	生産性上昇
1955	35.4	—	36.8
1960	25.4	25.6	48.1
1965	20.2	16.2	45.5
1970	47.2	44.2	58.0
1973	35.5	34.0	15.3
1975	1	0	0

出典：『日本統計年鑑 平成７年』（総務庁統計局）、『経済統計年報 平成６年』（日本銀行調査統計局）、中村隆英『The Postwar Japanese Economy』（2nd, ed, 東京大学出版会、1995年）、南亮進『日本の経済発展』（第２版，東洋経済新報社、1992年）

税引後の賃金をみても日本人の生活水準は上がったことがわかる。一九五五年から七五年までの間に税負担は増えたが、これは社会保障関連支出の増加が主な原因である。国税と地方税の比率は、おおむね一定していた。税引後実質賃金指数は一九五五年が二一・一だったのが、一九七三年には五九・五となり、一八二%の増加となった。しかし、同期間の実質賃金上昇率は必ずしも順調な伸びとはいえなかった。表6の実質賃金増加率からその違いがわかる。一九五〇年から一九五五年まで賃金上昇は生産性増加と基本的に一致している。しかし、一九五五年からの一〇年間は、賃金上昇は生産性増加の約半分だった。とはいえ、続く八年間で、賃金上昇が生産性増加にほぼ匹敵する伸びを示したため、賃金が生産性に追いついた。このことは、実質賃金が最初は労働能率の上昇に追いついていないことを示しており、また、労働組合の勢力を反映しているとも思われる。つまり、組合の力が強いときには賃上げ率が高く、弱いときには賃上げ率が低くなるからである。

では、日本は戦後どうやってそのめざましい産業能率の改善を成し遂げたのか。それは、資本や技術をとりいれ、戦時中開発した技術を平時において有効に活用できたからである。戦時における技術開発が、戦後も利用していける教育、技術面での基礎をつくりだしたのだ。この基礎は外国の技術を吸収するためにも欠かせないものであった。教育、技術水準の高い労働力なくしては、新しい発明や新しい技術に対応できないからである。

日本人は確かに懸命に働いたが、適切な計画と政府の政策なくしては、あれほどの高度成長は不可能だったと思われる。日本の成長ミラクルの原動力はいったいどこにあったのであろうか。次に、その政策とは何だったのかをみることにしよう。

激しい競争が成長をもたらした

戦前の日本の産業は多数の財閥、つまり独占企業の存在が大きかった。財閥は低賃金で労働者を雇い、高収益をあげた。他企業の参入を阻止し、労働者を酷使した。敗戦後、日本は米軍の占領下に置かれた。米国は財閥が日本軍国主義を助長したと考え、これを解体することに決めた。財閥のトップらはその座から降ろされ、保有株式も一般に売り払われた。占領軍はまた、財閥以外の大企業も分割した。日本製鉄や三井鉱山などがその例である。経済学者の中村隆英氏は、「このことが戦後日本の産業界の特徴となった激しい競争をつくりだすきっかけとなった。競争という圧力下での工場施設や設備の拡張、技術の進歩が経済成長をもたらした」と著書の中で述べている。

産業界に激しい競争を持ち込んだことは、占領軍による日本への大きな贈り物といえる。日本だけでこれを実現するのはおそらく不可能だからである。政治をも支配する富豪と戦うのはとても難しい。富豪たちの仕業がたとえ国を破壊するようなものであってもである。米国政府は同様の競争政策を自国にとりいれることが未だにできていない。産業界とそのおかかえ経済学者が常に阻止するからである。

貿易保護主義は有効な政策だった

保護主義は、一九二〇年代までのアメリカ、カナダ、オーストラリアのように、健全な国内競争も存在しているなら、多様かつ能率のいい企業を生み出すために有効な政策である。戦後の日本は、この保護主義政策を様々な方法で実施した。まず消費者向けの完成品の輸入に対する関税は引き上げられたが、原料や資本財は関税率が低いかゼロに抑えられた。一九五〇年、関税のかかる輸入品に対する平均課税率が一〇%から一八%以上に引き上げられた。この高い関税率は一九七〇年のGATT（関税と貿易に関する一般協定）のケネディラウンド合意を受け、徐々に引き下げられるまで変わらなかった。

一九五〇年代末期、米国政府は多国籍企業からの圧力で各国に市場開放を求めた。日本も貿易自由化を原則的に受け入れた。一九六〇年代には米国の要求が強まり、ケネディラウンド合意にしたがって、ほとんどの国々が関税を削減した。しかし日本の場合、大部分の産業で関税を削減したものの、実質的な輸入制限といえるおびただしい数の規制は据え置いた。このため日本は輸出こそ急増したが、輸入は増えなかった。

さらに、農業はケネディラウンドでも関税削減を免除された。こうして農家も高度成長にともなう生活水準向上の波に乗り続けることができた。一九五二年の農地法は、米作農家にパリティ価格だけでなく所得均衡も保証する内容であった。パリティ価格というのはこの場合、農家が購入する工業製品の価格に比例して米価も値上がりすることである。しかし、所得均衡が加わり、米価はさらに高くなった。このため、農家の収入も経済全体の傾向に合わせて増えることが可能になった。そして一九六〇年には、農家の所得が都市部勤労者の賃上げペースについていけるよう再び政策が変更された。

日本のコメ市場開放に関して、経済学者たちは伝統的に激しく反対してきた。しかし、コメ市場を開放しないのは、所得格差をなくし農業を育成するためのいわば人道的な目的によるものだった。こうした保護主義政策は、経済成長の妨げには決してならなかった。

というのは所得格差が小さくなることは、消費を刺激し結果として過剰生産を防ぐことになるからである。

バランスのとれた貿易

一九五〇年、高度成長が始まった頃の日本は大して輸出品がなかった。生産に必要な原材料にも乏しかった。しかも円は国際的な通貨ではなかったため、深刻な外貨不足に悩まされた。

しかし、同年始まった朝鮮戦争は、原材料のない日本の産業界にとって思いがけない幸運となった。戦争による需要で、日本からの輸出価格並びに輸出代金ははね上がったのである。さらに沖縄駐留米軍も日本にかなりのドルを落とした。かくして朝鮮戦争によって日本は外貨不足を和らげ、成長街道をまっしぐらに進みはじめたのである。原材料を大量に輸入し、わずか二、三年で生産高を二倍近くに増やしたのである。

輸入品は奇跡的な経済成長に大きく貢献したが、輸入品のほとんどは機械類と原材料だった。産業を発展させるうえで、輸入は決定的な役割を果たしたが、直接の消費とはあまり関係がなかった。貯蓄率の増加と十分な政府の貸し付けによって国内投資には十分な資金があったものの、新技術と原材料なくしては資本投下も行われなかったであろう。

原材料や工場設備を輸入する必要があったため、日本は恒常的な貿易赤字に悩まされることになり、その分を外資導入で補った。この種の貿易赤字は高成長を生み出す。というのは、輸入超過といっても資本投下が目的のため、将来的には生産量を増加させるからである。生産量の増加は輸出拡大につながる。つまり今は貿易赤字でも一〇年二〇年後には貿易収支は均衡するとみるわけである。これは米国が一九世紀に通った道であり、日本も一九五〇年以降同じ道をたどり大成功を収めたのである。

政府は断続的に経常収支の均衡化を試み、収支バランスのとれた貿易政策をとった。貿易赤字幅が拡大すると利上げし、資本の投下を減らして輸入を抑えた。輸出入のバランスを保つこの政策により、一九五〇年から七三年までの間に日本の貿易は均衡化が進み、一九六七年には輸入超過傾向が止まった。

バランスのとれた予算

一九五〇年から少なくとも一九六五年までの間、日本政府は厳しい均衡予算政策をとった。一九四七年に制定された金融法には、赤字予算分を補うための長期債発行を禁じる条文もあった。戦争中、大量の国債を発行し激しいインフレを経験したのをふまえた対応だった。

金融法は、インフラなどの建設用資金としての債券発行を禁じていたわけではなかったが、一九六五年までは建設債すら発行できなかった。このように、政府は均衡予算政策を厳格に実施した。一九六五年、不況のために深刻な歳入不足に陥ると、政府は建設債の発行に踏み切ったが、それでも額としては小さかった。政府は、一九七五年まで基本的には均衡予算政策を維持した。

その結果、個人貯蓄が主に資本形成につながった。政府は貯蓄を利用も乱用もせず、それをビジネス投資に向けた。のちに建設債が発行されると、やはりそれは資本形成を促した。このようにして、一九七五年まで政府の予算政策により投資が盛んに行われた。

経済成長が予想よりずっと速かったため、政府支出は大幅に増えた。投資の急増で需要にもはずみがつき、値上げも大幅かつ頻繁に行なわれた。また、一九五四年以降累進課税制度となり、税収の成長も名目GDPの伸びを上回った（名目GDPとはインフレ調整をしていない国内総生産額）。このため歳入は、名目GDPの伸び率一五％を越える増加をみせた。この歳入増により、政府にとってインフラ整備や社会福祉予算を増やすことが可能になった。

銀行の規制

占領軍は、戦争中日本の軍政と協力した疑いのある銀行数行を閉鎖した。これは産業資金の供給元も減ることを意味した。閉鎖されたこれらの銀行は、のちに改名して復帰を許可された。一九五一年、基幹産業への低利融資を目的とした日本開発銀行が設立された。そのすぐあと、輸出を促進するため日本輸出入銀行が設立された。他にも、様々な産業に低利で資金を供給するため、いくつかの政府系金融機関が設立された。こうした政府系金融機関や商業銀行を管理していたのが日本銀行である。

政府による金融活動への関与は、一九五〇年以後急速に広まった。金融機関のほとんどが政府資金を必要としていたので、日銀の支配力もその分強まった。こうして政府は商業銀行に対する手綱もしっかり締めることになった。

日本の証券取引所の創設は一九世紀末期にさかのぼるが、一九五〇、六〇年代でもまだ成熟はしていなかった。株式市場といっても投機性は強く、信頼している人は少なかった。預金先として一般的だったのが郵便貯金と商業銀行である。企業は株式市場から資金を融通できず、都市銀行から融資を受けた。株式市場が未発達だったため、銀行からの融資は主に生産活動に使われた。

戦後は、日銀による都銀への貸付が、産業界への主な資金供給手段となった。日銀は、公定歩合を上下させることによって貨幣の需要と供給を調節する。公定歩合とは、都銀が日銀から融資を受ける場合の利率のことである。こうした貸付は、民間にとって資金繰りの最も重要な手段である。

日銀は、いわゆる窓口指導によって商業銀行の活動を規制した。そして日銀は商業銀行に対し、いつどこで融資額を増やすかを通知した。公定歩合と窓口指導は、貿易赤字によって大きな問題が生じたときにしばしば用いられた手段である。

二十五年で経済大国になった理由

これまでのいきさつをまとめてみよう。太平洋戦争で国土が荒廃し資源もなかった日本が、一九五〇年から、一九七三年にかけて年平均一〇%という史上例のない経済成長を達成した。その秘訣は、日本が意識的にせよ、無意識にせよ、進歩的かつある意味では保守的な経済政策をとったことにある。財閥が解体され、他にも大企業が分割された。これが企業間の激しい競争を生み出し、経済全体を刺激したのである。

また土地が賃借人に払い下げられた。さらに労働組合が合法化され、労働者の六割が加入した。こうした政策は外から強制されたものだったが、たとえば会社への忠誠心や終身雇用制は日本国内で生まれたものだった。

また、その他にもいくつかの進歩的な政策が大きな役割を果たした。例えば、保護主義、金利と銀行に対する厳しい規制、均衡貿易・均衡予算、小さな所得格差、そして遅きに失したとはいえ環境に対する関心など、日本国内で育ったいくつもの特徴があげられる。こうして二五年の間に、新しい経済政策が、戦後日本を壊滅状態から経済超大国に変貌させたのである。

一九七五〜一九九七——停滞の波

戦後日本がとった進歩的な政策の一部は、一九七五年以降断念された。この時から生活水準は停滞し、労働搾取の兆候が現れた。戦後の改革の多くは、マッカーサー元帥によるものだったが、そうでないものは一般常識にしたがって行われた。その後日本が豊かになるにつれ、米国の有名大学に留学して経済学を学ぶ若者が数多く現れはじめた。彼らは赤字財政、株式投機、金融規制緩和、合併の長所について学び、帰国後、日本の政策立案者らに進言した。しかし、それらの政策は今となっては重大な誤りであったことがわかる。

また日本は、米国の学者が主張していた貿易自由化政策をとらなかったが、それでも大きな過ちを犯した。貿易自由化政策を放棄しただけではなく、輸出のための輸出拡大策をとった。輸出や貿易は、もはや単に原材料、工場設備を輸入するのが目的ではなく、輸出そのものが経済成長にとって欠かせないものであるとみなされた。貿易は収支の均衡が重視されていたが、黒字優先となった。ゆっくりだが着実に、日本は外国市場に依存するようになっていったのである。

一九七五年までの成長段階では、主に原材料を輸入するのに外国との貿易は必要だった。しかし、一九七五年以降は、製品の輸出先としても海外市場を必要とするようになった。

一九七五年以降経済政策はかなり変わり、高度成長時代は終わった。日本は世界市場を征服せんばかりの勢いだったが、国内の基盤はむしろ弱まった。そして今、戦後、というよりも一九三〇年代の大恐慌以来最悪の危機に直面しているのである。

低迷する生活水準

一九七三年以降日本の生活水準はほぼ停滞している、などと私が言えばいぶかる方も多いのではないか。日本の実質GDP（国内総生産）は一九九〇年まで増え続け、他の主要七か国（G7）よりも伸びは大きい。世界を相手にする債権国であり、対外援助拠出額でもリーダー格である。私もその点は認識しているが、それでも日本の生活水準は一九七三年以来低迷しているのである。

表7は一九九〇年を基準とした実質賃金指数、国税負担、税引後実質賃金、一人あたり

表7・実質賃金指数と実質一人あたりGDP 1973-1996（1990年＝100）

年	実質賃金	国税負担	税引後実質賃金	一人あたりGDP（単位＝100万円）
1973	79.4	25.0	59.5	2.04
1975	80.2	25.8	59.5	2.07
1980	85.5	31.3	58.7	2.46
1985	89.8	34.6	58.7	2.85
1990	100.0	39.6	60.4	3.49
1993	99.8	38.6	61.3	3.59
1996	100.0	37.5	62.5	3.80

出典：『日本統計年鑑 平成７年』総務庁統計局、『経済統計年報 平成６年』日本銀行調査統計局、中村隆英『The Postwar Japanese Economy』（2nd, ed）東京大学出版会、1995年、南亮進『日本の経済発展』（第２版）東洋経済新報社、1992年、『合衆国統計摘要』1997年

の実質GDPを示している。一人あたりGDPは一九七三年の二〇四万円から一九九六年の三八〇万円へと大幅に増加した。これは二三年間で八六％も増えたことを意味し、高度成長の終わりとともに伸びも小さくなったとはいえ、それでも主要七か国の中では高い数値である。ところが実質賃金をみてみると、二〇年以上の間に増加率はわずか二六％である。単純計算すると、年平均一・二％の増加となり、七三年以前まで三〇〇％以上も増えたのとは大きな違いがある。

しかし、この実質賃金にも実は落とし穴がある。勤労者の大部分、つまり若年層や中年のサラリーマンにとって、生活水準は手取りの給与次第である。

その手取り給与指数は、一九七三年が五九・五だったのが一九九六年には六二・五となった。とはいえ税金も増えているので給与増加分がその分帳消しとなり、手取り給与はほとんど変わっていない。一人あたり実質GDPで計算した国家の生産性が八六％上昇したにもかかわらずである。

この生産性の上昇分はどこへ行ってしまったのか。勤労者の取り分がほとんど増えていないということは、政府や、資本・土地などをもつ資産家に流れたに違いない。七三年から九六年まで、国税負担の比率が二五・〇から三七・五へと増えたが、生産性上昇分の半分が政府関係部門に流れた。そして残りの半分は、利益や地代という形で資本や土地にまわったのである。

便宜上、日本の戦後経済は二つの期に分けることができる。一九五〇—七五年までの第一期は均衡重視の進歩的政策期といえ、一九七五年から今日までの第二期は世界の水準を採り入れた政策期ということができるかもしれない。

第二期に、均衡財政は赤字財政に、また均衡貿易は黒字優先の政策にそれぞれとって代わられた。労組は弱体化し、企業合併を通じて競争も弱まった。すでに活発だった土地投機は株式投機の活発化によりその性質にも変化がみられた。

銀行は規制が緩和されたことによって実質的に経費が増え、それを補うためにリスクのある投機的融資に走るところが増えた。したがって第二期では、政府が金融分野に対する締めつけを緩和したばかりに、多額の資本が無駄となった。

進歩的政策期は経済成長率も際だって高く、税引後実質賃金指数は、一九五五年の二一・一から一九七三年には五九・五に増えた。一八年間で一八二％の増加である。一八二を二九二で割ると〇・六二なので、税引後実質賃金は生産性上昇分の六二％増加したと結論づけることができる。つまり生産性の六二％は税引後勤労者の手に渡ったことになる。税負担は二〇から二五、つまり、二五％増えたので、生産性上昇分の四分の一は勤労者に、残り一三％は資本と土地にまわったことになる。このことは所得税率の累進度が高まって以来、政府は高額となった資本収入のかなりを得たことを意味する。

進歩的政策期において、所得格差は二つの理由で改善された。一つは大手企業と中小企業の間にある賃金格差の減少、もう一つは一九六〇年代半ば以降の社会福祉予算が増額されたことである。

第二期においては、生産性は八六％増加したものの、税引後賃金はほとんど変わっていない。賃金指数は一九八五年まで少し低下し、その後九六年までゆっくりと上昇した。賃金の低迷は、賃金格差、不平等を広げることとなった。とはいえ累進課税制度のおかげで、不平等の拡大には歯止めがかけられた。

前述のように、生産性上昇分の半分以上は政府に、残りは資本などにまわった。企業収益は、税引後賃金がやや減った一九七五—八五年を中心に急増した。（参考文献18（巻末）145頁）。さらに法律で高率の減価償却が認められていたので、内部現金準備の増加分は届け出利益よりもずっと大きくなった。

会社の吸収合併は一九六〇年代に始まり、七〇年代に急増した。その結果、一九五〇年代から六〇年代半ばまで減少傾向にあった産業集中度は、再び増加に転じた。様々な産業の業種の集中度は米国の水準に徐々に接近した。集中度とは、あらゆる産業における上位三社による市場シェア（占有率）のことである。集中度は一九七〇年に代多くの産業で高まり、再び巨大寡占企業の力が増してきた。こうした変化は、様々な企業間の競争圧力こそそれほど損なわなかったものの、労組の勢力は弱まり、生産性の伸びに応じた賃上げを確保できなくなった。日本企業は他国と比べれば競争率はかなり高かったが、労働者側は交渉面で歩が悪くなった。生産性はかなり上昇しているのに、税引後実質賃金が伸びなかったのはそのためである。

以上の理由で、手取り収入という点では、日本経済は一九七五年以来停滞しているといえる。税引後実質賃金が生活水準を最もよく示すので、まさにこの年から日本は不景気に入ったといえる。

現在の日本は、失業率の増加と実質所得の低下という深刻な危機をむかえているが、これは一九七〇年代に起きたいくつかの変化にその原因をたどることができる。そのうちオイルショックなどは不可抗力的要素だが、原因の多くは政策的な誤りである。一九七三年のオイルショック後に、政策がどう移り変わってきたかを具体的にみてみよう。

膨らむ財政赤字

　政府予算の収支は一九六五年まで均衡がとれていた。一九四七年に金融法が制定され、公共投資にあてる資金として建設債を発行できることになったが、それすら発行されなかった。一九六五年までは、とにかく均衡重視の予算だったといえる。

　一九六五年から七四年までは歳出増を補うために建設債が発行されたものの、その額は小さく、インフラを整備することで民間部門での資本形成を助けるのが目的であった。厳密にいえば、建設債を発行したことが法的にみて赤字財政を生じさせたわけではないし、政府が財政赤字政策をとっていたことにもならない。

　失業対策として歳出が急増した一九七五年、政府の「財政赤字政策」が始まった。その年、いわゆる赤字国債が日本では戦後初めて発行されている。一九七五年は、均衡予算重視政策から転換した年だったといえる。

　最初、政府は赤字国債の発行は一時的な措置とみなし、予算はできるだけ早く、遅くとも一九八〇年までには均衡させるつもりであった。しかし、一九八〇年になっても赤字は増え、一九九〇年まで続いた。

ＧＤＰ比財政赤字は、一九七〇年が〇・五％だったが、一九七五年三・五％に跳ね上がり、その後も上昇を続け一九七九年には六％になった。それ以後は徐々に減少し、一九九〇年には一・三％まで落ち着いた。赤字国債は同年発行されなかった。しかしそれはあくまでも一時的な落ち着きだった。一九九五年末には、地方債と国債の発行によってこの数字は七・五％にまで増加してしまった。一九九七年、消費税が引き上げられ赤字はやや減ったが、それでも赤字幅はたいへん大きい。

一九七五年から一九九〇年までのＧＤＰ比財政赤字の平均は四％だったのに対し、同時期の米国が三・七％。つまり、日本の方が高かったことになる。財政赤字に関しては米国が盟主のように考えられているが、ＧＤＰ比財政赤字は、実は日本の方が米国よりずっと多いのである。

正確にいえば、米国の赤字はほとんどが消費が原因だが、日本の場合は一九七五年以降投資が小さいながら赤字の構成要素となっていた。しかし、いずれにしてもパーセンテージがアメリカを上回るということは、日本政府の赤字予算に対する考え方がいかに変わったかを表している。日本の現在の政策は、失業対策として公的支出を提唱する米国の学者の影響が大きい。

貿易不均衡の始まり

日本政府の貿易政策にも、第一期と第二期の間に大きな変化がみられた。日本は一九六七年まで少額ながら常に貿易赤字を抱えていた。それらはインフラ整備などへの投資から発生する赤字で、その分新たに高賃金の雇用を生みだし生産能力を向上させた。そのことが一九六七年以降貿易黒字に転じる要因となった。

小幅の貿易赤字はあったものの、政府は常にそれを抑えようとしていた。政府の政策自体は、貿易均衡に重点を置いていた。貿易赤字が急増すると、日銀は利上げして通貨供給量を減らし、その結果、需要が減り赤字が減少した。このように一九六七年まで貿易赤字は続いたが、政策そのものは、赤字を減らし貿易収支を均衡させようというものであった。しかし、一九七五年を境に、この政策は完全に変わってしまった。

一九六七年以降、特に米国との貿易黒字は増加し、七〇年には国際問題化した。というのも、米国にとっては巨額のドル流出につながったからである。一ドル三六〇円という従来の為替レートを維持するのはますます難しくなった。貿易均衡という観点で考えれば、円は切り上げられるべきだったところだが、日本政府は切り上げには抵抗した。過去に外貨不足が成長率を抑え、その結果、経済発展に悪影響を与える利上げとなった苦い経験があったからである。

一九七一年一二月、円は対ドルで三〇八円に切り上げられた。米国は要求が通らなければ輸入課徴金を課すと日本に脅しをかけていた。このため日本はしぶしぶながら同意した。しかし、日本の貿易黒字増加は止まらなかった。このため米国の圧力は続き、主要国通貨は固定相場制度から変動相場制に移行した。一九七三年、円は再び一ドル二六五円に切り上げられた。しかし石油危機のため、一九七五年には再び一ドル三〇〇円に逆戻りした。以後日本の輸出は増加を始め、一ドル三〇〇円の水準に戻ることは二度となかった。

一九七三年から七五年までの経済危機で、政治家や官僚は輸出こそが成長の要と確信するに至った。第一期には内需拡大に重点が置かれたが、第二期に入ると海外に目が向けられたわけだ。日銀は定期的に外国為替市場に介入し、輸出を脅かす円高を阻止しようとした。貿易均衡策をとろうとすれば、相当の円高もやむを得なかったが日銀はこれを認めなかった。

日銀による為替市場への介入にもかかわらず、円高の勢いはなかなか収まらなかった。政府や大手企業は、春闘での労組の賃上げ要求を抑えようと必死に説得するほど輸出に目が眩んでいた。円高に直面する中で、国際市場で外国の企業と競争して輸出を増やすにはそれが唯一の方法だったからである。

円が上がれば、輸出を増やす唯一の方法として製品の価格を下げるしかない。そのためには、賃上げは生産性上昇分よりもずっと低めに抑えておく必要がある。政府や企業は円高にあって貿易黒字を増やそうとしたため、実質賃金と労働生産性の間にかつてないほど格差が広がった。もちろん労組は勢力が弱まっていたからこそ、この現実を甘んじて受け入れたのである。

貿易黒字策は実質賃金の上昇を抑えた。さらに財政赤字を増税で補ったため、賃金は実は全く増えていなかった。「高度成長期は国内だけで一〇％の成長を可能にする需要があり、輸出・輸入は相殺しあっていた。しかし一九七五年から八五年までは、経済成長の約四分の一は海外の需要で支えられた」（参考文献11（巻末）、115頁）という状況であった。

一九七六年の日本の貿易黒字は三七億ドルだったが、八五年には四九〇億ドルにまで増えた。貿易黒字が増えるということは、国内の需給の差が広がることを意味していた。こうして日本は、ますます海外市場と為替レートの安定に依存するようになった。貿易黒字政策は賃上げを抑えただけでなく、海外市場の動きに対して日本は脆弱になっていった。もともと日本政府は脆弱になるのをおそれて貿易黒字政策をとろうとしていたわけだから、考えてみれば皮肉なものである。なにがなんでも輸出という政策が海外市場に対する依存度を高めたのである。

土地価格の暴騰と住宅問題

日本の国土はその七割近くが山林である。したがって総面積では比較的広くても、居住可能な地域は非常に限られている。土地は極めて不十分なのに、住宅や産業用地に対する需要が大きかったため、地価は戦後間断なくしかも急上昇した。

戦争が起きようと飢餓が発生しようと不況になろうと、地価は上がり続けると日本ではずっと信じられてきた。だがこの土地神話は、一九九一年以来見事に打ち砕かれた。一九九七年までに、大都市の地価が半減するという、想像もしていなかった最悪の事態が起こった。

ではなぜ地価の下落は考えられないことだったのか。一九三六年の地価を一とすると四五年には二、五〇年には五五、六〇年には八六七、七〇年には四三一八、八〇年には一〇〇〇〇、そして九一年のピークには二〇九二八まで上昇を続けたのである。つまり、五五年間で、地価は二〇九二八倍にまで上がったことになる。土地に投資すれば絶対大丈夫と人々が信じたとしても無理はない。

これはまさに、市場の原理をいつまでも抑えられないことを示すケースとして注目すべきだ。資産価値があれほど急上昇すると、市場は非常に大きな不均衡状態となる。土地は五〇年以上にわたって止むことなく地上げ投機の対象だった。投機は前述の進歩的政策期においてさえ盛んだった。銀行などの金融機関は土地を担保に競って融資に走った。そして土地は上昇を続けた。土地神話を疑う余地もなかった。

地価が高ければ、住宅価格も当然高くなる。一九九〇年のピーク時には、東京のマンション価格は平均で一億円もした。Asian Business誌のジョン・ウォロノフ氏によると「時の水準からみた『いい家』を買おう思えばざっと五億円はかかるが、それでも外国からみれば決して大きくはない。外国人にも大きいと思わせる家なら二〇億円はするかもしれない」（参考文献21（巻末）、129頁）

この狂った価格では、東京に家を持てる人は当然少ない。一九九〇年の日本の平均住宅価格は年収の五・七倍、東京に限れば八・七倍となる。ちなみに米国では三・四倍、ドイツでは四・六倍である。日本の人口あたり床面積は他国と比較してずっと狭いのも当然である。

家を持つと消費の機会も増える。冷蔵庫、じゅうたん、家具、エアコン、皿洗い機、絵など、さまざまなものが必要になるからだ。そのため、家を購入すれば同時に他の製品への需要も増してくるのである。住宅購入率が高くなれば消費は増え、逆に貯蓄は減ることになる。

ただ、家具などの必要度は、当然住まいの大きさに応じて変わる。大きな住居であればあるほど、より多くの家具やじゅうたん、より大きな冷蔵庫などが必要となる。米国はG7各国の中では住居費が極めて低いため、居住面積が最大であり、それゆえ貯蓄率は最低である。それに対して、日本は住居費が極めて高く、居住面積は最小であり、貯蓄率は先進七カ国の中で最高である。

貯蓄率が高いということは、裏を返せば、消費や内需が少ないということである。つまり家を手に入れるのが難しい国では、需給の差も大きくなる。プラウトが住居を手頃な値段で購入できることを重要と考える理由の一つはそこにある（プラウト理論については第七章参照）。消費の機会を増やし、高生産低失業に足るだけの十分な需要を生み出すからである。

日本では、このような政策を数多く採り入れていた成長第一期でさえ、手頃な価格で住宅を手に入れることはできなかった。しかし、当時は地価の高さが消費全体にはそれほど影響しなかった。住宅以外にも大きな需要があったからである。国民は戦後、事実上飢えていた。成長第一期は住宅価格が高くても発展を妨げなかった。カメラ、腕時計、電気器具、車、自転車、オートバイ、トラクター、と消費の対象はいくらでもあった。住宅価格は上昇していたが、需要は大きく、購入したいものはふんだんにあった。

しかし、一九七五年以降になると、このような需要はそれ以前と比べて大きく減り、その代わり、より大きくしかも手頃な価格の住居に対する需要はさらに増えた。そうなると、高い地価や住宅価格は、消費者にとって頭の痛い問題である。貯蓄率を減らすには住居所有の割合を増やさなければならない。この点は政府の重点項目となるはずだった。ところが地価と住宅価格はますます高騰してしまった。政府は住宅投資を増やしたが、持ち家率にはほとんど変化がなかった。

新規住宅着工件数は一九八七年以降さらに減少し、この傾向は九〇年代まで続いた。主要七カ国（G7）が行った調査によると、住宅が手の届く範囲になると、消費が増え貯蓄は少なくなるという。日本にとって内需を高めるにはこの点がいちばん肝心である。進歩的政策期には住宅価格が高いことは問題ではなかったが、いまや住宅・建設業界だけでなく、家をもつことに関連するすべての製品の国内需要を妨げることになったのである。

金融規制緩和がバブルを作る

一九七〇年代半ば以降の経済の新たな特徴は、金融自由化であり、政府は徐々に銀行に対する規制を撤廃し、証券業界とあわせて金融新製品やサービスの開発を許可した。これには二つの理由があった。一つは一九七五年以降赤字国債を発行したためで、もう一つは、米国の金融市場が導入したような金融改革を、日本も採用するようにとの圧力が、米国の学者や政府から高まっていたからである。

銀行・証券業界は常に大蔵省の厳しい管理下にあった。様々な業務や新規支店の開設には許可を必要とした。金利は債券市場の動きに沿ったものとはいえなかった。預金に対する利率には上限が設けられた。国債価格は厳しい統制を受けた。海外の銀行、保険、証券会社による投資も制限された。要するに金融分野は高度成長期、厳しい規制の枠にはめられていたのである。

こうした規制は、すべて金利を低めに抑えるのが目的だった。しかし、貿易赤字による緊急事態時は例外で、このときは投資支出を減らすために一時的に利上げした。低金利政策には、銀行などの金融機関が、株式市場での投機など資本の無駄づかいをしないことが必要だった。

一九七四年以降、日本では赤字国債の発行により債券価格を管理するのが難しくなった。国の借金は大きく、また拡大し続けたため、国債市場が必要となった。一九七〇年代末期、国債価格は市場が決定していた。したがって、債券価格とは反対の動きをする金利は変動を始めたのである。このため長期金利の規制を緩和しなければならなくなった。

日本は貿易黒字によりドルを蓄えるにつれ、海外投資規制が解除された。さらに米国の要求が強まり、東京証券取引所は、すでにニューヨーク証券取引所にも登場していた金融新商品を導入せざるを得なかった。一九八五年以降は、短期金利に対する規制も解かれた。米国と同じように日本の銀行も、より高金利の各種口座が許可されたのである。

このように、一九七五年から八五年までの間に、金融業界は激しい変化を強いられたのである。バブル経済の土台となったこの変化は、主に二つの効果をもたらした。一つは多種多様な新しい魅力を生み出す株式市場に、一般人も企業も金融機関も誘惑されたことである。もう一つは、銀行にとって預金コストが高くなったことである。これら二つの効果と地上げがバブル経済を生みだし、一九八九年末までそのバブルは続いたのである。

バブル経済への道

土地へ投資することは、戦後一貫して、銀行、企業、個人を問わず利益をもたらした。銀行は土地を担保にして熱心に融資した。地価高騰を抑えるため、一九七四年、土地を譲渡または売却する際に非常に高いキャピタルゲイン税が導入された。これは投機熱を抑えるのが目的で、七五年は地価が下がるなど一年間は効果があった。しかしその翌年から再び地価は上昇を始めた。

キャピタルゲイン税の導入は、土地の売却を阻むなど、意図された効果はあった。しかし、完全に阻むことはできなかったので、地価も早晩上昇することとなった。キャピタルゲイン税は、一方で株式投機を促した。土地所有者は、土地を売却せず担保に入れて金を借り、株に注いだのである。すなわち、土地の売買は投機先としては魅力が失せ、投機家たちの関心は、土地から成長著しい株式市場へと移ったのである。

日経平均株価は、一九七五年末四三五八円六〇銭だったのに対して、一九八〇年末には七一一六円三八銭へとはね上がった。一九七九年の石油危機のときも株式投資熱は全く冷めなかった。そして、一九八五年末には、日経平均は一三一一三円三一銭まで上昇した。一〇年間で実に三倍に膨れ上がったことになる。中には株式投資により、巨額の富を得た者もいた。

一方米国は、日本との貿易赤字増大に不快感を募らせていった。プラザ合意により前例のないほどの円高に転じた。円高による打撃を緩和するために、また米国の圧力もあって、日銀は公定歩合を下げ、通貨供給量を増やした。規制緩和により銀行にとってはコストが上昇したが、一九八六年金利が低下した。銀行が株式市場に目を向けるようになった一因は、銀行コストの上昇にある。銀行としては収益をあげざるを得ず、それには急騰する株式市場に手を出すのが手っ取り早かった。というわけで、バブル経済を引き起こした原因の一部は金利自由化にあり、一九二〇年代の米国と酷似している。

日経平均株価は一三一一三円で一九八五年の取り引きを終えた。八九年末には三八九一六円に達した。一九七五年からの一〇年間に株価は三倍に増えた。そして八五年から八九年までのわずか四年間で、またその三倍に膨れ上がった。この数年間で、マネーサプライは五二%も増加し、増加分の多くは資産市場に流れた。

しかし、一九八九年中頃にはバブル経済の終焉が近いことがはっきりしていた。そして、資産価格の悪循環を懸念した日銀は公定歩合を引き上げ始めた。しかし、誰もこの事態を深刻に受け止めようとはしなかった。公定歩合はまたさらに引き上げられたが、手っ取り早い金儲けに夢中になった人々は、今度も気づかなかった。

一九八九年末、世界中で例年になく寒さが続いたため、石油価格が突然はね上がった。さらに利上げも加わり、株式バブルがはじけ、一九九〇年の取り引き初日から株価は下落を始めた。意外にも土地バブルは膨らみ続けた。土地バブルがはじけたのは、日銀が土地を担保にした貸出に厳しい規制を課した後のことだった。以来日本のバブル経済はずっと危機的状態にある。

今の政策で景気回復はありえない

日本は、一九五〇年から七三年にかけて一連の進歩的政策を導入し、平均一〇%という高度成長期を経験した。この時期、賃金は税引き前・後ともに急上昇し、所得格差は縮小し、経済は多様化した。そして、日本は世界の経済大国として台頭したのである。進歩的政策とは、具体的に言えば、予算均衡、貿易均衡、銀行に対する厳しい規制、激しい国内競争、土地改革、終身雇用などであった。

しかしながら一九七五年を境に、こうした政策は次々と放棄された。予算はもはや均衡せず、貿易収支も均衡重視だったのが黒字に転じ、銀行の規制は緩和され、激しい競争は、労組に対する支配力が大きい寡占企業間に限定されるようになり、所得格差も開き始めたのである。その結果、かなりの経済成長と生産性上昇にもかかわらず、大部分の国民にとって生活水準はほとんど変わらなかった。そのうえおびただしい不均衡状態は、土地、株式、不動産、対外貿易、資本支出、住宅やオフィスの賃貸料などに現れた。こうした不均衡を合わせてバブル経済と呼び、そのバブル経済は九〇年代初頭についにはじけたのである。

日本で景気後退が始まったのは、政府によると一九九一年である。しかし、九七年末になっても景気回復の兆しはほとんど見られない。失業、銀行の経営破綻、企業倒産、財政赤字、債務など、日本経済は現在、一九三〇年代の大恐慌以来最悪の危機にある。その危機をのり越えるにはどうすればよいであろうか。かつて二五年で日本を世界の経済大国に変貌させたにもかかわらず、米国で学んだ学者や、輸出に対する異常なこだわりのために放棄されてしまった進歩的政策こそが、その治療法であることは明らかである。

やるせないのは、一九七五年以降も以前と変わらず国民はせっせと貯蓄し長時間働いているのに、生活水準が停滞していることである。そしていま、日本は混沌と不況の危険に直面しているのである。

第四章　全世界に広がるバブルの大膨張

二〇世紀は、世界中の株式市場および不動産市場において、多くの投機的バブルが発生したという点で、ユニークな世紀である。すべてのバブルは最終的にはじける。中には一〇年以上も続いたものもあり、それほど続かなかったものもあるが、膨れ上った泡は、予期せぬ世界的な出来事、あるいは、市場諸力の内的なダイナミックスによって、結局すべてはじけてしまった。

今日の経済を、データや図表が速やか、かつ大量に流れる、情報経済と呼ぶ人達もいる。コンピュータ、ファックス、電話、そしてジェット機が、絶え間なく動く広大な通信の鎖で地球を繋いでいる。情報がこんなに簡単に入手できる世界で、なぜバブルが生まれるのか、不思議に思う時が多い。過去、例外なく、すべてのバブルははじけてきたことを、投機家たちは知らないのだろうか。ひとたび虎の背中に乗ったら、傷ついたり、あるいは、それ以上の損害を被ることなく、そこから降りることは難しい、いや不可能だということを知らないのだろうか。

歴史上、バブルは繰り返し発生しているので、人間の本質や制度の中に、バブルを不可避的に生み出してしまう何かがあるに違いない。バブルの破裂にともなう苦痛がなければ、その根底にある原因を無視してもよいかもしれない。しかし、良性のバブルというのはほとんどなかった。バブルがはじけると、その後には、破産、欠損家族、失業、飢餓などの延々たる後遺症が残る。そうなると、投機家だけではなく、社会全体がそれに苦しむことになる。だからこそバブルはつぼみのうちに、つまりコントロールできなくなる前に、摘み取るべきなのである。

一九二〇年代――今世紀初のバブル

二〇世紀最初の投機バブルは、一九二〇年代にアメリカで起こった。ある資産のインフレ的騰貴が、また他の資産において同様の騰貴を誘発するケースがしばしばある。通常、株価が急上昇すると、不動産、また時には美術品の価値も上がる。一九二〇年代のバブルでは、株価はアメリカのいくつかの地域、特にフロリダの不動産とともに上昇した。株式市場で得た利益が不動産セクターに投資され、またその逆のケースもあった。不動産バブルは一九二六年にはじけたが、株式バブルは一九二九年一〇月まで続いた。そしてそれを機に、空前の世界的大不況が始まった。図3は一九二〇年代と一九三〇年代初期のダウ・ジョーンズ指数の動きを示したものだ。ダウは一九二〇年の七二から、一九二九年一〇月には三六〇へとはね上がった。そして、それから暴落し始めたのだ。一九三三年末までには、八〇%以上も下がって、六〇ドルにまで下落した。結局それは、一九二〇年のレベルにほぼ逆戻りしたような形になった。

日本のバブルのメカニズム

一九二〇年代の株式バブルは、小さな中断はあったものの、一〇年間続いた。同じ様なバブルが一九七〇年代半ばに日本で始まり、そして崩壊するまで、まる一五年が経った。このバブルの動きについてはすでに検証しているが、比較のために、もう一度簡単に触れておこう。

図4は、一九七五年から一九八五年、そして一九八九年までの日経指数の推移をたどっ

図3・アメリカの株式価格指数：1920年〜1934年

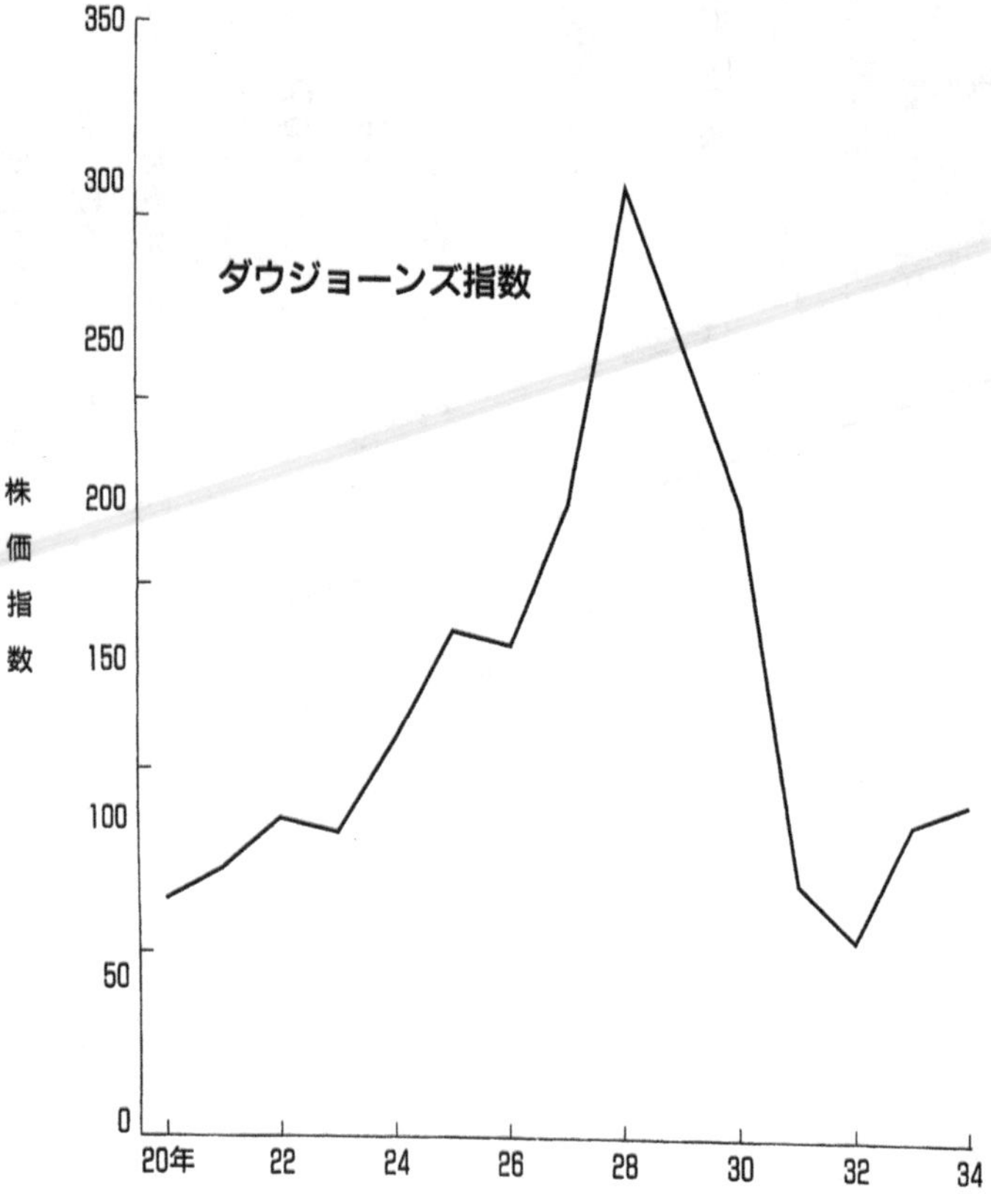

出典　ＰＳピアス『ダウショーンス平均株価　1885年〜1990年』

図4・日本の株式価格指数：1975年〜1997年

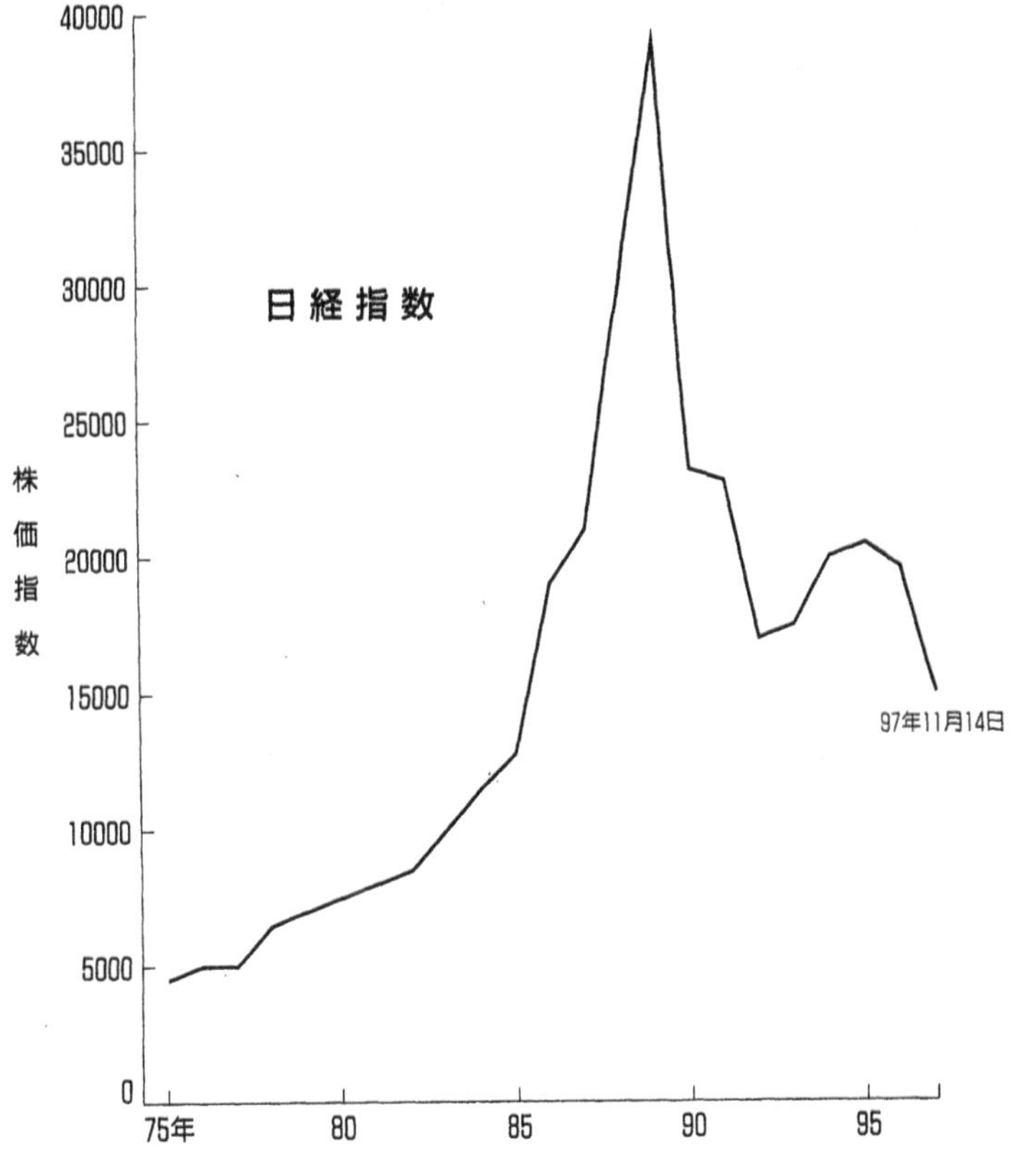

出典　日本銀行『経済統計年報』

たものだ。指数は第一段階で三倍になり、そして第二段階で、さらにまた三倍になった。これはおそらく歴史上、最も長期的かつ最も大きく膨れ上ったバブルだったが、一九九〇年初めにはじけ始めた。そのとき、株価と不動産価値の両方が暴落し、二年間断続的に下落した。その後、多少安定し、一部は回復した。日本の株価は一九九七年に再び急降下し始め、日経指数はその年、二〇％以上も下がった。

興味深いことに、一九二〇年代のアメリカと同じように、一九七〇年代、一九八〇年代の日本のバブルは、株価インフレと不動産インフレが結び付いたものだった。この二つはお互いに煽り合い、世界の人々は最初のうちはそれを驚嘆して眺めていたが、後に史上最悪の投機熱だったとして非難した。

アメリカのバブル――一九八二年～一九九七年

日本のバブルは一九七五年から一九八九年まで続き、一九九〇年に崩壊した。アメリカでも日本と同様のバブルが一九八二年から始まり、一九九七年一一月末の時点で、まだ続いている。図5は、一九八二年から一九九七年までのダウ・ジョーンズ指数の動きを示し

図5・アメリカの株式価格指数：1982年〜1997年

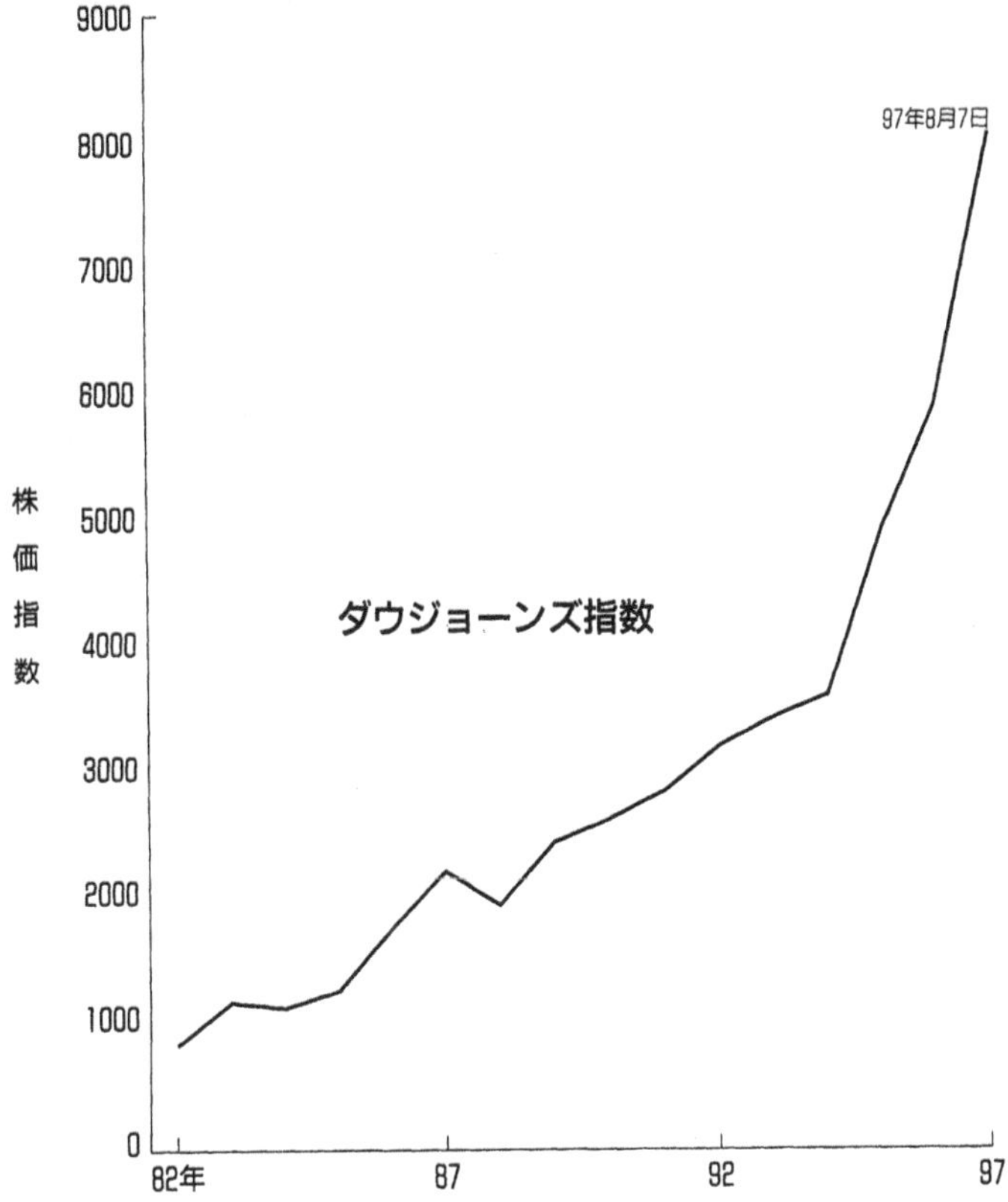

出典　「大統領経済報告書」

たものだ。一九八〇年代初期の不況の際、ダウは一九八二年六月に八〇四ドルの最低水準を記録し、その後、連邦準備制度が景気後退に対処するために、短期金利を削減し始めると、上昇を始めた。金利の下落が株価を刺激するのは、いくつかの理由がある。

第一に、証券のような他の金融手段の利回りが低くなり、魅力が減るからである。第二に、企業の投資が伸びる。資本投下の資金に利用するための借入金のコストが減るからだ。第三に、低金利は多くの人がローンで買う新しい住宅や家電製品の購入を誘発し、結果として経済が刺激され、企業の利益が増える。最後に、借入れコストが低いと、人々が借入れた資金を株式市場や不動産市場に投資するため、投機を促すことになる。オプションやデリバティブのような新たな手段がたくさん資産市場で利用可能になると、投機は特に増大する。

アメリカのバブルは一九八二年に始まり、一九八六年までゆっくりと膨らんでいった。一九八七年の初めに急激に膨れ上り、ダウは一九〇〇あたりから、八月二五日に過去最高の二七二二に上昇した。たったの八ヵ月で四三％も上昇したのだ。それまでのダウの長期増大率、年約一〇％と比べると対照的である。しかし、一〇月にはそのバブルははじけてしまった。一〇月一二日から一六日の一週間で、株価平均は九・五％も落ち、そしてその翌週の月曜日、一〇月一九日には、五〇八ポイント、あるいは二二・六％も下落して、一七三八にまで下がった。これは絶対数で言っても、パーセントで言っても、一九二九年以来最大の下落であった。

ブラックマンデーと呼ばれるこの一〇月一九日は世界中の市場を動揺させた。過熱していた東京の市場もその影響からのがれることはできなかった。その翌日、日経指数は一五％暴落した。この一九八七年の、最悪の株式市場暴落によって、投機熱が止んだだろうか。確かに止んだが、それは二、三ヵ月しか続かなかった。一九八八年になると、バブルは再び膨張し始めた。アメリカではゆっくりと、株価は上がったが、日本ではまたもや急上昇したのである。ウォール街の専門家や学者たちは、一九八七年一〇月の惨事が繰り返されるのを恐れて、日本の金融機関を非難した。しかし、東京の専門家たちは自分たちのしていることを弁護し、日本の状況は異なるのだ、不景気が長期化することはない、と主張した。彼らは一九八七年の大惨事はマイナーな例外であり、一九五〇年以来成長し続けている日本で、そんなことは長く続くはずはない、と宣言した。今ではそんなレトリックを信じる人は、日本には一人もいない。人間と同じように、国家も自らの経験から学ばなければならないのである。

アメリカでは、株価は一九九〇年八月まで上向き傾向が続いた。この月、イラクが産油国のクウェート王国に侵攻したため、石油価格が急激に上がった。しかし、翌年一月、湾岸戦争でイラクが大敗すると、ダウはまた、今度は不釣り合いに上昇し始めた。株価指数は一九九一年初めには二六〇〇だったが、一九九七年八月七日には、史上最高の八二五九を記録した。一五年前の一九八二年六月につけた最低水準の八〇四の、一〇倍以上にも跳ね上がったのだ。日本では、日経指数が一九七五年の四三五八から、一九八九年最終日の三八九一六まで上昇した。これは実に七九三%の急騰だが、アメリカのバブルは東京証券取引所のバブルをも超えていたのだ。ダウは谷からピークまで、九二七%も上昇した。ダウの故郷、ニューヨーク証券取引所が、千年期最大の株式市場高騰を記録したといわれるのも不思議なことではない。

ウォール街ブローカーが唱える呪文

そのような空前の上昇の裏には何があったのか。ニューヨークのウォール街の専門家たちは、色々な説明を提示している。彼らの中に一九八〇年代、一九九〇年代の株式熱を予見した人は誰もいなかったのに。私は、『一九九〇年の大恐慌』の中で、少なくとも一九八〇年代の市場の急騰を予想していた。そして、一九八七年末までに厳しい収縮が起こる可能性について、ほのめかしてさえいた。日本では確かに一九九〇年に株式市場が崩壊し、長い不景気が始まった。後に示すように、日経指数の下降により、長い、一連の出来事が起こり始め、それがついに一九九七年の通貨危機と株式市場の暴落につながった。したがって、一九九〇年は決定的な年だったといえよう。その年、まず、世界第二位の経済大国日本が失墜し、そして、七年後の一九九七年の世界的な崩壊のためのお膳立てができた。

私は『アメリカの大きな偽り（The Great American Deception）』の中に、一九七八年以来私がしてきた三〇の予測のリストを掲載したが、そのうち二つが時間通りに実現しなかった。その二つは一九九八年と一九九九年に実現すると思う。

ブラック・マンデーのすぐ後、私は金融アナリストのアンドリュー・トビアス共に、アメリカで有名なドナヒューーショウに出演した。私はトビアス氏に、ダウは四〇〇〇に達して、それから暴落するかもしれない、と語った。そしてトビアス氏は、翌月の「マネー」誌で、私たちの会話を忠実に報道した。率直にいうと、私は一九九〇年代の株式熱を全く予見していなかった。予見した人は誰もいなかった。ただ、私は一九七八年に、私の著書

『ラビ・バトラの世界経済大崩壊（The Downfall of Capitalism & Communism）』（徳間書店刊）の中で、二〇〇〇年までに、支配力をもつ富裕階級に対して、アメリカ人が激しく反発する出来事が起こる、と論じた。次の章で取り上げるように、これは一九九八年に起こるかもしれない。そして、その理由は一連の株式市場の暴落である。

ウォール街の専門家たちは、一九九七年一〇月の暴落は状況が異なっていたと主張している。これは、以前「日本は状況が異なる」と繰り返し言われていたことを思い起こさせる。金融アナリストやブローカーたちは、大衆紙のライターたちや、長年の間、上昇し続けるダウに酔いしれていた政治家たちと一緒にＣＮＮ、ＣＮＢＣ、その他のビジネス関連のテレビのマネー番組に頻繁に登場し、ある一つの点で合意していた。今回はファンダメンタルズ（経済の基礎条件）が健全である、と。つまり、過去の株式熱は、強い経済に支えられていなかったので、実をいえば不合理であった。しかし、今回は状況は全く異なっている、と。

ほとんどの専門家が一致するファンダメンタルズとは何だろう。

呪文のように繰り返し聞かされたのは、今は、低インフレ、低金利、低失業率であり、この組合せは一九六〇年以来起こっていない、ということだ。専門家たちは嘘をついているのだろうか。そうではない。三〇年ものの米財務省債券の利回りは、一九九七年末現在、たったの六%である。インフレ率はわずか二・五%、失業率は五%以下である。彼らは嘘はついていない。情報は正しい。しかしながら、それは誤解を与える情報である。人々に一九二九年のことを思い出させるアナリストは一人としていなかった。一九二九年には、インフレ率はゼロ、債券の利回りは四%、失業率は三%だった。いわゆるウォール街のファンダメンタルズでいえば、一九二九年の方がずっとよかった。しかし、株式市場は暴落し、大恐慌が始まった。本当に重要な経済ファンダメンタルズについては、次の章で説明する。

アジアのタイガーもバブル経済だった

世界経済のグローバル化によって、製品、サービス、資産の市場は緊密に結ばれるようになった。日本やアメリカのバブルと共に、世界各地でバブルが発生した。それらは付録の図表（241頁以降）で説明されている。百聞は一見にしかずである。データ的な問題があり、この図表は一九八七年から一九九六年までの時期しか扱っていない。しかし、投機熱が世界のあちこちで始まったのは一九八二年のことである。日本の株式の急騰は、もちろんそれよりずっと前に始まった。だが、それにともなって、他の主要な経済でも同様の急騰が起こったわけではない。

他の国と同じように、韓国、香港、シンガポール、台湾といったリトルタイガー経済の株式バブルは、一九八八年に再び始まった。韓国では、株式市場は一九九四年にそのピークに達し、現地通貨ウォンあるいはアメリカドルで計算すると、七年間で八一%増大した。その後、貿易赤字の増大により市場は下落した。韓国市場の急騰は一九八八年の一年間続き、その間に市場は六七%上昇した。その後は、元気がなく、一九九一年からは長いマイナス傾向に入っている。

台湾では、一九八八年と一九八九年に株価が高騰し、たったの二年間で二六四%増大した。その後、株価は暴落し、一九九二年までに六三%下落した。その後、再び高騰し、一九九六年までに一二八%上昇した。台湾の市場は不安定なことで有名である。しかし、一九八七年から一九九六年の九年間に、株価は二〇四%も増大した。

香港では、台湾と同じくらい市場の予測が難しいものだが、株価は一九八七年から一九九三年の間に四〇〇%も急騰した。それに続く二年間は株価が暴落し、その後一九九六年に完全に回復、一九九七年七月に空前の高値となった。全体的にみると、一九八七年から一九九六年の間に、株価は四二六％上昇、明らかに世界的投機バブルの一部だといえる。

シンガポールは、シンガポールドルで計算すると、一九八七年から一九九三年の間に、株価が一七三％急騰した。年平均二九％前後である。しかし、アメリカドルで換算すると、急騰の幅は二五七％とはるかに大きかった。これは、特に一九八五年以降の、世界市場におけるアメリカドルの長期的な弱さを反映している。一九九三年以降、現地通貨の株価のマイナス傾向が始まり、それは今でもまだ反転していない。

このように、香港を除くリトルタイガーの株式は、非常に不安定ではあるが、一九九〇年代のアメリカで起こっているようなバブルはまだ経験していないことがわかる。しかし、香港ドルがアメリカドルと連動している香港は、一九九七年半ばまで投機バブルのさなかにあった。そして、台湾とシンガポールの市場も、一九八七年の最低水準よりずっと高い状態にあった。

ベビータイガーのバブル

ベビータイガー経済は、何十年間も繁栄しているが、近隣諸国のそれと比べれば、ずっと小規模であり、したがって、株価はより不安定になりやすい。一九八七年から一九九六年の間に、インドネシアの株式指数（244頁、図A3参照）は、ルピアで八一二％、アメリカドルに換算して四〇八％急騰した。これはいかなる尺度から見ても見事な成果である。インドネシアは、その輸出品である石油の価格が下落した一九九一年に株式の暴落に見舞われた。しかし、市場はその後、急速な回復を遂げている。

マレーシアの株式（245頁、図A4参照）は、一九八七年から一九九六年の間に、リンギットおよびアメリカドルに換算して三三〇％以上上昇した。しかし、ピークはシンガポールと同じように一九九三年に起こり、その後一九九六年末まで株価は回復しなかった。

フィリピン市場も、状況はほとんど同じである（247頁、図A6参照）。一九八七年から一九九六年の間に、株価は現地通貨で五四四％急騰したが、ピークは一九九三年に起こった。急騰率はアメリカドル換算でも非常に高くなっている。

タイでもまた、株価は一九九三年にその頂点に達したが、その後暴落し、回復することはなかった（248頁、図A7参照）。しかし、タイの株式は一九八七年から一九九六年の間に、現地通貨およびアメリカドル換算で二二〇%以上も増加した。

韓国を除くすべてのタイガーの株式市場は、独特の不安定さはあるが、世界的バブルに絡みあってきたことがわかる。一九九七年半ばの時点で、ほとんどの市場で株価の増加分の一部が失われたが、しかし一九八七年末の谷に比べれば、まだ非常に高騰していた。

ヨーロッパのバブル

西ヨーロッパにも独自のバブルがあり、それはアメリカのトレンドと平行していた。歴史的にヨーロッパとアメリカでの出来事は緊密に連動していた。アメリカは、あまねく広がるビジネス帝国を持つ地球規模の経済大国である。一九二〇年代のように、アメリカで投機熱が起こると、ヨーロッパにも已む無くその現象が広がる。イタリア、フランス、スウェーデン、ドイツ、オランダなどで、株式市場は活発化した。（イタリアは254頁図A13、スウェーデンは255頁図A14参照）一九八二年半ばから一九八七年のピークまでに、イタリアの株はアメリカドル換算で四五〇%、スウェーデンでは四〇〇%、ドイツでは三四〇%、スイスでも四〇〇%急騰した。

一九八七年の暴落は、他のどの地域よりもヨーロッパへの影響が大きかったようだ。それ以来、様々な理由により、ヨーロッパの失業は増え続けている。この傾向を免れた国は、イギリスだけのように思われる。全体的にみて、ヨーロッパの平均失業率は、一二%近くだった。イタリアもフランスもドイツも一九九七年にはこの平均に近かった。一方、スペインは二二%もの失業率に悩んでいる。失業率が高ければ株式市場の動きも束縛されるだろうと思われがちだが、一九八七年以来、少なくともドル換算で市場が落ち着いているのはイタリアだけである。一九八八年以来の投機的雰囲気の中で、アメリカのバブルがヨーロッパ各国に伝染したようだ。膨大な数の失業者を抱えているスペインでさえ、株価が現地通貨で八二%も急増した。フランスでは一九八七年一二月から一九八八年一〇月の間に、ドルあるいは現地通貨で二二〇%以上も急騰した。ドイツでは二二五%を超え、イギリスでは一七五%以上だった。何百万人もの人が失業している一方で、投機家たちは西ヨーロッパで浮かれ騒いでいたのだ。

揺れるラテンアメリカ

ラテンアメリカはアメリカビジネス帝国の膝下にあるが、この地域の株式市場が不安定なことはよく知られている。アルゼンチンやブラジルの現地通貨での株価の動きは、その利益が想像を超えていて、グラフ化できないほどである。しかし、インフレの数字もまた想像を絶している。したがって、ラテンアメリカの株式市場を理解する唯一の方法は、ドル換算で見ることである。この基準だと、アルゼンチンの株価指数は一九八七年の一〇〇から、一九九一年末のピークの一五九六まで激増した（250頁、図A9参照）。その後、一九九二年に九七五まで暴落し、また一九九六年末に一四四七まで上昇した。株式指数が九年間で一三四七％も上昇したのだから、確かに見事な結果だ。

ブラジルの事情もほとんど同じである（251頁、図A10参照）。地元通貨による株の収益は測り難いが、ドル換算の収益は、急激な変動はあるものの、一九八七年から一九九六年までに六九八％増大している。ブラジル市場の動きは、アルゼンチンのそれと比べると、少々静かだが、確かにバブルといえる。

チリはブラジルやアルゼンチンに比べ、経済が安定している（242頁、図A1参照）。チリの株式市場は、一九九四年まで、着実だが活発な上昇を享受した。その後、株式指数は下落したが、一九九六年の時点でも、まだ一九八七年のレベルよりずっと上だった。九年間で現地通貨の株式利回りは一二七七％、ドルでは六五四％上昇した。

最後に、メキシコだが、メキシコはNAFTA（北米自由貿易協定）の一員であり、今や、アメリカ経済と密接に結び付いている。NAFTAは、一九九四年一月に発効した。アメリカの専門家もメキシコの専門家も、NAFTAは両国に大きな恩恵をもたらすだろうと主張した。ところが、この貿易協定の直後にペソ危機が起こり、タイガー経済やラテンアメリカなどのいわゆる新興市場で、金融システムの基盤を揺り動かした。メキシコ通貨危機は一九九四年、一九九五年の、新興市場における株価暴落の主な原因であった。メキシコはその北に位置する大国に非常に近いため、メキシコの株式市場はニューヨーク証券取引所やアメリカ資本の南方への流れの影響を強く受ける。

ドル換算すると、ボルサと呼ばれるメキシコの株式指数は、一九八七年から一九九三年までに一六四二％激増した（246頁、図A5参照）。これはどうみても、明らかに投機バブルである。しかし、一九九四年に指数は暴落し、一年で四四％下落した。翌年、さらにまた二三％落ち、メキシコは本格的な不況に陥った。工場は閉鎖され、失業率が急上昇し、実質賃金は激減した。だが、エコノミストたちは、この国がＮＡＦＴＡのもとで得た利益についてもてはやした。

クリントン大統領は、ペソ危機が新興市場のすべて、そしてついにはアメリカにまで広がり、その結果、彼の再選のチャンスが損なわれることを警戒し、すばやくメキシコを救済し、外債不履行とならないように、支援パッケージを準備した。メキシコは、アメリカおよび国際通貨基金から、五〇〇億ドルの融資を受け取った。この大規模な支援パッケージによって、ぐらついていた南の経済は安定し、一九九五年末には株価が回復し始めた。しかし、今日、素早く金儲けをしたいという人間の欲望はあまりにも強く、投機家たちは、ボルサ暴落の苦しい教訓はすぐに忘れてしまった。一九九六年、メキシコの株式はドル価で一六％跳ね上がり、そして一九九七年九月にはまた三〇％上がった。

世界の隅々にまで広がるバブル

先進国経済の中では、デンマーク、ベルギー、オランダでも、一九八七年から一九九六年の間に、かなりの株式市場の上昇が見られる。例えば、一九九六年までに、デンマーク株式指数は二一五％、ベルギーは一三八％、オランダは二三八％上昇している。それとは対照的に、オーストラリアとカナダも相当な上昇を遂げたが、アメリカのうちたてた水準には及ばなかった（オーストラリアは252頁図Ａ11、カナダは253頁図Ａ12参照）。この期間、カナダの株は八二％、オーストラリアは八八％しか上がらなかった。しかし、東欧では、近年、緩慢な株の動きに悩むことはなかった。

ソ連衛星国がソ連支配から開放されるや否や、そこでの投機的活動が活発化したのは、皮肉だし、興味深い。ハンガリーでは、一九九四年から一九九六年のたったの二年間に、株価がドル換算で六四％高騰した。不況に見舞われているロシアでは、同時期に八〇％の高騰、ポーランドでは、一九九二年から一九九六年の間に、四七〇％跳ね上がった。これらの国々で、そんなに膨大な株式投資収益が生まれるのは、驚異的な経済成長率で国が栄えているからだろうと思いがちなのかもしれない。しかし、実際の東欧は、インフレ、非効率、不確実、環境汚染の温床であった。ロシアでは、共産主義崩壊後、生産が激減し、失業が激増した。

最後に、インドの場合を見てみよう（243頁、図Ａ２参照）。インドは一九九二年まで、今日よりずっと保護主義的だった。貿易自由化にともなって、外資も流入し、株価は一九九三年及び一九九四年に、かなり上昇した。しかし、その後の政治不安は市場喪失を引き起こし、それは一九九七年末の時点でもまだ消え去ってはいない。

バブルは果たしてはじけたのか？

これまでの重要なポイントをまとめてみよう。一九七〇年代半ば以来、多くの国々が株価の大幅な上昇を経験してきた。それはまず一九七五年に日本で始まり、日本の株式市場は、一九七三年の石油ショックによって起こった世界的暴落から、素早く脱却した。一九八二年から、他の国々も東京で高まりつつあった投機熱に加わった。株式市場は一九八七年一〇月に暴落したが、その後すぐに回復した。こうして、世界規模の株式熱は続いたが、一九九〇年に日本で市場が大幅な損失に見舞われると、それは突然中断された。しかし、これは結局、局地的な出来事であることがわかり、世界のほとんどの地域で、株価は上昇し続けた。株式を襲ったもう一つの衝撃は、一九九四年末のペソ危機であった。そのため、いくつかの新興市場が暴落し始めた。しかし、ダウやヨーロッパ株はほとんどそれを無視した。一九九七年にアジア及びラテンアメリカで株が暴落したが、ニューヨークにある世界最大の証券取引所で大きな動揺が起こるほどではなかった。このように、一九九〇年代にいくつかの株式市場暴落があったにもかかわらず、世界的な投機バブルはまだはじけていない。多少は減速したが、一九八二年以来、アメリカ、カナダ、ヨーロッパで解き放たれた株の上昇志向は、一五年たってもまだ残っている。

情報経済より誤報経済

多くの人々が、一九八〇年以降の世界経済のことを、情報やアイデアが地球規模で、大量かつ瞬時に流れる情報経済、と呼んでいる。しかし、そのような地球規模のシステムは、むしろ誤報経済と名付けたほうが、より適切である。なぜなら、一般の人々が専門家や政治家たちから聞く意見は、客観的なものではなく、卑しい私利私欲に根ざしたものだからである。金持ちたちによって、著名な教授やノーベル賞受賞者に仕立てられたエコノミストたちが、投資や成長を刺激するために、社会は富裕階級の税負担を他の人々に負担させるべきだ、と提案するとき、最初から問題があることは明らかである。これは自己利益に供するための議論であり、神授の王権の教義を思い起こさせる。王は人民を無秩序から守るために、独裁権力を求めた。では、王から人民を守るのは誰なのか。それと同じように、富裕層の所得税率が引き下げられたら、財政支出を賄うために必要とされる高い税金から貧困層を助けるのは誰なのか。

とにかく、一九五〇年代、一九六〇年代のように、アメリカの最高所得税率が八〇％以上だったとき、GDP成長率は年平均四％以上だった。しかし、一九八〇年代にその税率が半分以上カットされると、生産と投資の成長は急激に落ちた。しかし、誰がこんなことを知っていようか。私たちが耳にするのは、低い所得税（しかし、低所得者層の負担する社会保障税や消費税は低くない）のおかげで、投資と成長が刺激されたという誤報ばかりである。

私たちの経済は誤報経済である。そして、テレビやラジオの絶大な影響により、人々は金持ちのお雇いエコノミストたちがたれ流すプロパガンダを信じきってしまう。

この章で議論してきた世界的な株式市場バブルも、同じく誤報の産物である。まず最初に、ウォール街のブローカーやその同僚たちが、色々な国、特にヨーロッパで何を言っているのかを見てみることにしよう。彼らの見解では、新しいテクノロジーによって起こった生産性の高成長が、多くの国で一九九〇年代の収益の急上昇につながり、その結果、株価の急上昇が起こったという。また彼らの主張によれば、もう一つの要因は、グローバル化と国際競争の進展からくる、控えめなインフレであるという。このインフレは金利を減少させる傾向があり、そのため証券の魅力がなくなって、株式の魅力が増える。また、金利が低くなると、事業コストが下がり、収益が増えていく。こうして、株価は再三再四上昇してきたと言っている。

アメリカやヨーロッパの証券取引所での有力な見解によれば、アメリカにおける低インフレ、低金利、低失業率のファンダメンタルズがとても好ましいため、株式はまずアメリカで、それから他の地域で利益を上げるのである。つまり、アメリカという機関車が、残りの世界の列車を引っぱっているというのである。

しかし、ウォール街の銀行家やブローカーたちは、彼らが喧伝するファンダメンタルズは過去に何回も起こっているとは言っているが、それが、過去最高の株式市場を生み出すことはなかったことを明らかにはしていない。一九二〇年代には世界中で収益が上昇し、その一方で金利が下がった。ダウは、一九二〇年末の七二から一九二九年九月のピーク、三六〇まで跳ね上がった。これは四〇〇%もの増加だったが、一九八〇年代と一九九〇年代の、九〇〇％以上の増大にははるかに及ばない。

一九八七年の大暴落にもかかわらず、ダウその他の株式指数が年々活発であり続けるのは、いくつか他に理由がある。最も重要な要因は、二つの経済大国、日本とドイツにおける、貨幣と融資の大きな増加である。アメリカでは、連邦準備制度が、アラン・グリーンスパン議長のもと、融資を厳しく統制している。需要と供給の法則に従えば、産出拡大を賄うためにはお金が必要である。例えば、生産価値が一〇〇円上がったとしよう。すると、この新しい供給品が売れるためには、消費者は余剰生産物を買うために、より多くのお金を持っていなければならない。お金の供給源は、日本銀行によって印刷された紙幣、あるいは商業銀行によるローンである。

よく知られている経済法則がある。クレジットカードを使うか、それとも現金を使うかという、人々の習慣は長い間変わらないため（専門用語では、貨幣の回転率は一定しているという）、投機が全くないと仮定して、貨幣の増加イコール生産価値の増大である。貨幣の増加が貨幣ＧＤＰの伸びを超える場合、余剰貨幣は会社の株、不動産、その他の資産における投機のために利用される。したがって、どこかの国で、投機が起こっているかどうかを調べるためには、その国の貨幣の増加と名目ＧＤＰの伸びとを比較すればよいのである。名目GDPは生産の貨幣価値を表わしている。現行価格での総産出の価値である。国がその産出を計算する場合、まず名目GDPを見積り、それからそれを価格の変動に合わせて調整する。

さて、一九八七年から一九九六年までのアメリカ経済を見てみよう。各国のマネーサプライの数字は、IMFの『国際金融統計』(International Financial Statistics) という出版物の中で提供されている。ここには、名目GDPのデータも含まれている。問題の期間に、株価は二倍以上になったが、アメリカの貨幣増加率は四九%、一方GDPの伸びは六八%だった。明らかに、アメリカの銀行制度は株式熱の原因ではなかった。

それでは、投機バブルをあおるための貨幣はどこからやってきたのだろうか。それは日本とドイツからであった。両国ともアメリカに対して大きな貿易黒字を抱えていた。ドイツでは、一九八七年から一九九六年までの貨幣増加率は一三八%、それに比べて名目GDPの伸びはたったの七八%だった。余剰貨幣は、国内のみでなく、アメリカにおける投機熱の資金源となった。

同じ期間に、日本では、マネーサプライが一〇三%も急騰したが、GDP増加はたったの四四%だった。明らかに、余分な貨幣の一部はアメリカの証券取引所へ移り、また別の一部は一九九〇年の暴落まで東京証券取引所へ向かった。その後、ジャパンマネーはあたふたとアメリカその他の国へ移り、資産インフレを煽っている。

通常、バブル経済がはじけ、不況が始まると、マネーサプライは急激に減少する。一九三〇年初期には世界中でそれが起こった。しかし、今回は、アメリカの専門家によって鼓舞された世界的金融規制緩和のおかげで、日本のマネーサプライは、一九九〇年代に急増した。一九九〇年の株式市場暴落のすぐ後、貨幣の増加率は例外的に低く、およそ年二%だった。しかし、その後、日本銀行が、息切れしている銀行のために預金コストを軽減しようと、金利を史上最低のレベルに引き下げたため、貨幣が爆発的に急増した。個人が資金を借入れ、世界中の株式市場に投資した。日本の銀行も、個人や、アメリカ、東アジアの金融機関に、ほとんどただでお金（預金金利が一%だったので、ゼロに等しい）を貸し、地球規模のバブルを膨張させた。

ドイツと日本からの余剰貨幣のおかげで、今や全世界がバブル経済である。一九九〇年にバブルがはじけた日本でさえ、政府が何も抜本的措置を講じなかったため、未だにグローバル・バブルから抜け切れていない。日本政府は、昔ながらの輸出促進政策を継続し、円をドル、マルク、ポンドに対して低めに維持した。日本の銀行は一九八〇年代に、国内の土地投機家たちに不良貸付をし、一九九〇年代には、アジアのタイガー経済の投機家たちに不良貸付をした。こうして、日本ではバブルが続いた。一九九七年末にかけて、著名な日本の金融機関四社(北海道拓殖銀行、日産生命保険、三洋証券、山一証券)が破綻した。山一証券の閉鎖は日本における戦後最大の企業倒産であった。以前なら考えられなかったこと、政治的に許されなかったことが、バブルがはじけてから七年後の一九九七年には起こっている。

他の国々でも、株式市場が過熱しているところでは、貨幣の増加率が異常に高い。ヨーロッパでは、デンマーク、オランダ、ノルウェー、フィンランドの通貨拡大率が高く、オーストラリアやカナダのような他の先進経済も同じである。アジアのベビータイガーたちはみな、名目GDP成長率をはるかに超えた貨幣成長率を経験している。一方、ラテンアメリカは、適切な金融政策を何一つ行使していない。極度の通貨拡大とインフレに苦しむアルゼンチンとブラジルは別としても、チリやメキシコでも融資の異常な上昇が見られた。このように、新興市場の証券取引所は、ドイツや日本の資金のみでなく、自国の融資の増大によっても潤った。

ダウジョーンズ指数、通称ザ・ダウが初めて計算されるようになったのは、一八八五年のことである。一九八二年一一月に、それは一〇〇〇を越えた。ダウは一〇〇〇〇を越えるのに、ほとんど一世紀かかったのだ。しかし、次のたった一五年の間に、八〇〇〇を越えてしまった。需要と供給の自然律が、突然変わってしまったのだろうか。そうではない。だが、世界経済の本質が変わってしまったのだ。

莫大な金額をすぐに儲けたくてたまらない、アメリカのブローカーや銀行業者たちが鼓舞した金融規制緩和によって、地球のあちこちで前例のない、貨幣の爆発的増大が起こった。いわゆるファンダメンタルズなどではなく、これこそが、今、多くの国々が陥ってしまっているグローバル・バブルを生み出したのだ。金持ちは更に金持ちになりたいと思い、たとえその過程で船が沈んでも構わない。彼らは盲目的なまでの貪欲さによって一九三〇年代の貴重な教訓を忘れ、今、世界経済は危機に瀕しており、いつ崩壊してもおかしくない。一九三〇年代のような平価切下げの波が少しでも打ち寄せたら、世界の経済秩序は粉々に砕けてしまうことであろう。

章　株式市場——崩壊のメカニズム

一九九七年末にかけて、私はCNNやCNBCのマネー番組で、しばしば「競争的平価切下げ」という用語を聞いた。その用語は私の関心を引いた、なぜなら、それまで、それはエコノミストたちが一九二〇年代末期から一九三〇年代の、国際的通貨の動揺について説明するときに使ってきた言葉であるからだ。高い対外債務と高い貿易赤字は致命的な組合せで、今まで多くの経済を屈服させてきた。最近のケースでは、一九九四年から一九九五年にかけてメキシコで起こった。このときメキシコは不況に陥り、今だに貧困層を苦しめている。

一九二〇年代末期、小麦の供給過剰から小麦価格の急落が起こり、世界の小麦市場には大きな圧力がかかっていた。大手の外貨借入国で、小麦の輸出国であったアルゼンチンは、一九二八年にやむをえずその通貨の平価を切下げた。その隣国のウルグアイも一九二九年に同じことをした。小麦輸出国のオーストラリアとニュージーランドもそうであった。両国は南米から何千マイルも離れていたが、已む無く一九二九年に自国の通貨を切下げた。

そのころの世界は、今日のようなグローバル・ビレッジ（地球村）ではなかった。アルゼンチンの平価切下げが、その隣国や他の小麦輸出国に影響を与えるまで、一年かかった。今日、私たちの住む世界は密接に結び付いており、情報が急速に移動し、経済はグローバル化されている。平価切下げの波は各国に迅速に伝わる。

ベビータイガーの通貨下落

タイは、ベビータイガーのリーダー国の一つである。一九五五年以来、約八％という高成長率を着実に保ってきた。一九八九年のタイの対外債務は、合計一二〇億ドルと小さかった。隣国のマレーシアも同じように繁栄し、債務は比較的少なかった。マレーシアの対外債務もたったの一四〇億ドルだった。グローバル化と金融規制緩和によって、投機資本の国際的流動が加速し、一九九七年の初めまでには両国とも重い債務（マレーシアは三四〇億ドル、タイは五七〇億ドル）を抱えることになった。この時点ですべてのベビータイガーは、海外債務を抱えていた。大きな輸入超過を抱えていることと合わせて、ベビータイガーは通貨投機家の攻撃を受けやすくなっていた。

高い成長率と自由化した金融市場により、アジアのベビータイガーの経済は、一九九三年以来、外国投資家や投機家たちにとって魅力的なものであった。ヨーロッパおよびアメリカのミューチュアル・ファンドは、新興市場の株式に何億ドルもの資金を注ぎ込んできた。投資アドバイザーたちは、近年、世界的分散投資の福音を熱心に説いてきた。さらに、日本の銀行が彼らに低金利で資金を貸出し、それが不動産投機を煽った。こうして、アジアの幼獣経済で、株および不動産の投機熱が広がった。一九九六年、タイの貿易赤字は一四五億ドルであった。

海外からの投資を引き付けるために、タイは自国通貨を一ドルあたり約二五バーツで安定させていた。しかし、一九九七年に貿易赤字が増すと、もはや対ドル連動を従来のレベルには維持できないことが、いよいよ明らかになった。通貨投機家は外国為替市場でバーツを売りはじめた。外国資本は逃げはじめ、バーツの価値は七月に急激に下落した。

これは海外投資家にとってはショックであった。同様の出来事がわずか二年前にメキシコで起こっていたのだが、これは彼らにとっては寝耳に水であった。メキシコの場合は救済措置がとられ、外国投資家はアメリカとＩＭＦが用意した支援パッケージによって保護された。だから、投資家たちはタイに対しても同じタイプの支援が与えられることを期待していた。確かに支援は提供されたが、それは危機が表面化した後からだった。ＩＭＦはタイ政府が緊縮政策をとることと引き替えに、一七〇億ドルの当座融資を決めた。

一九九五年のメキシコのケースと同じように、緊縮プログラムには、税の引き上げ、政府財政赤字のカット、貨幣増加の削減などが含まれていた。しかし、タイの政治状況が不安定なため、タイ政府はそのプログラムを採用することができず、バーツは下がり続けた。

通常、通貨値下がりは同じ製品で競合している国々の間に広がる傾向がある。しかし、それには少々時間がかかる。だが、今回、タイの通貨下落はベビータイガーたちの間に急速に広がった。ベビーたちはみな、巨額の債務と貿易赤字を抱えるという点で、同じく危険な状況にあったからだ。外国資金は一夜にして証券取引所から逃げ去った。東アジアの通貨はドミノのように次々と倒れてしまった。まず、タイ、それからマレーシア、インドネシアとフィリピンが通貨下落に揺れた。一一月三日付けの「タイム」誌はこう述べている。

七月二日にバーツの価値はドルに対して一二％以上下落した。その後、それはフィリピン、マレーシア、インドネシアにも飛び火し、各国政府は自国通貨を切下げざるをえなかった。それが地域全体の危機を誘発し、株式市場は三五％も値下がりし、高騰した不動産価格は暴落し、銀行は破綻し、何十万人もの東南アジア人たちが、富める者も貧しい者も、職や財産を失った（参考文献25（巻末）、44頁）。

専門家たちが、ベビータイガーについて、アメリカと同じ健全なファンダメンタルズを認めていたことは興味深い。そして結局はアメリカも、巨額の対外債務と貿易赤字を抱えている。「タイム」誌の同ページには、世界銀行幹部のこんな言葉が引用されている。「インドネシアを襲おうとしている破局を予告するような、明らかな前兆はなかった。」成長率は高く、インフレは低く、輸出は急増が予測されていた。ある意味で、タイを巨大にしたのがアメリカだといえる。アメリカ・タイ両国とも成長率は高く、失業率は低いが、巨額の対外債務と貿易赤字を抱えている。

通貨の動揺を抑えるための国際的努力は失敗に終わった。ウォール街のブローカーたちは、アジアの危機を無視した。彼らは、ベビータイガーは小さすぎて、アメリカのような遥か彼方の巨人には重大な影響を与えられない、と感じた。しかし、近隣の日本は、すぐに震動を感じた。日本の輸出の四四%がタイガー経済向けなのである。外国の投資や融資が消えることは、ベビータイガー諸国にとって、大きな景気減退を意味していた。日本はさらに不景気に陥るはずだった。そこで、ダウは影響を受けなかったが、日経にはすぐに売り圧力がかかった。

リトルタイガーの通貨下落

アメリカのブローカーや専門家たちは、通貨危機はベビータイガーのみに限られ、それよりずっと大きなリトルタイガーのような他の国々は、投機家の攻撃に耐えることができるだろうと思ったし、少なくともそう希望した。彼らの認識と希望は明らかに間違っていた。七月にベビータイガーが投機家の攻撃を受けた。八月は、香港、台湾、シンガポールの番であった。これらの国々は対外債務があるわけでも、貿易黒字を享受しているわけでもなかった。遅かれ早かれ、強力な経済でも平価切下げの圧力に屈することは、歴史的に証明されている。すぐにシンガポールドルが屈服した。そしてその株式市場も。台湾も同じであった。しかし、香港はうまく攻撃に対処した。

香港は七月一日に中国に返還されている。中国は莫大なドル準備金を持っており、新たに獲得した領土が通貨後退に見舞われるのを、手をこまねいて見ているつもりはなかった。その上、香港自身のドルの保有量も八八〇億ドルあった。通貨投機家は香港ドルを引き下げることはできなかったが、香港は大きな犠牲を払った。通貨に輝きを加えるため、香港当局は金利を引き上げて外貨を引き付けた。しかし、その過程で株式市場が暴落した。

九月はアメリカ政府も日本政府も支援パッケージ(タイに一七〇億ドル、インドネシアに二三〇億ドル)の用意に忙しかったため、比較的静穏だった。そして一〇月がやってきた。歴史上、最大級の株式市場溶解がいくつか起こったことで有名な月となった。一九八七年一〇月一九日のブラックマンデー、あるいは一九二九年一〇月の暗黒の日々が思い出される。したがって、一九九七年の一〇月には、すでに不安が高まっていた。そして、一〇月二三日に香港で再び株式が暴落、それに東京取引所での大きな損失、という衝撃的なニュースが入ってきた。

近隣諸国の通貨安により、香港の物価は恐ろしく高くなった。主要産業の一つである観光業は冷え込んだ。投機家が再び香港ドルに攻勢をかけ、香港はまた金利を引き上げた。一〇月の最終週には、地球のあちらこちらで株式市場の大暴落が起こったのである。

一〇月二三日に香港で一〇%暴落、その二日後、また六%暴落すると、世界中に戦慄が走った。同日の一〇月二七日、それまでアジアの喧騒からは免れていたダウ・ジョーンズ・指数が、五五四ポイント下がった。それはウォール街の歴史上、最大のポイント数の下落であった。パーセントでは、下落率はたったの七%だったが、投資界は動揺した。金融アナリストたちがいつも自慢していたファンダメンタルズは、それほど健全ではなかったのだ。

何かがおかしい。なのに、どうしてどのブローカーも政治家も、問題があることを認めようとしないのだろうか。いや、認めるどころか、専門家たちは同じ呪文を唱えた。「アメリカ経済は低インフレ、低失業率、低金利であるから、すべて大丈夫。心配するな。慌てるな」と。

一一月一三日には、アラン・グリーンスパンは、アジア市場の暴落はインフレを抑えるので、アメリカにとっては有益ですらあるかもしれない、と示唆した。「アメリカ経済の基本は強い」とはボストン連邦準備銀行総裁、キャシー・ミネハンの慰めの言葉であった(「タイム」一九九七年一一月一〇日、39頁)。

一一月には通貨危機が韓国に波及した。韓国の経済規模はタイのそれの二倍である。韓国はタイよりさらに大きな債務問題及び貿易問題を抱えている。韓国企業は、一九九七年末が支払い期限の短期負債をたくさん抱えており、それは約六〇〇から七〇〇億ドルにも上る。しかし、韓国の外国為替準備金は三〇〇億ドル以下であり、韓国通貨に対する投機的攻勢に対処するには不十分である。タイ、マレーシア、インドネシアのように、韓国でも何百もの企業が破産を宣言し、従業員を解雇した。一一月には、ワシントンで、韓国に対する支援パッケージが議論されたが、提案されたパッケージは一千億ドルにも上るものであった。

東京証券取引所は、ダウが安定した後も下落を続けた。一一月一四日に日経は一五・〇八二の安値をつけ、その年、約二五％の下落となった。韓国の大企業は借入金が返済できず、苦境に陥っていた。最大手企業三〇社のうち五社が、大きな損失に苦しんでいた。一一月下旬、韓国は外国為替の損失が大きいため、ウォン防衛の努力をやめた。投機家たちは香港での戦いには負けたが、韓国の戦場では大勝利を収めたのである。

ラテンアメリカ各国も暴落

不安と不況が長く続いたあと、メキシコは一九九七年の夏までにやや回復していた。ボルサ株式指数はその年四〇%上昇しており、ペソも一ドル七・七ペソで安定していた。他のラテンアメリカ諸国も、再びもとのような株式や不動産投機の活動が戻っていた。しかし、居心地のよい彼らの世界も、タイで始まった通貨危機によって動揺した。メキシコは一〇月二七日に再びブラックマンデーに見舞われた。ボルサの主要指数は一三%下落した。ブラジルやアルゼンチンの株式指数も同様だった。ベネズエラの指数は九%落ちた。ラテンアメリカとメキシコでは一〇月の最終週に、株式が三〇%以上も下落した。アジアの下落に比べれば、小規模な暴落である。

すべての新興市場で金利が上昇した。ブラジルでは、金利が四五%に達した。一九九七年の末までに、東アジアとラテンアメリカでは自動車販売が減少し、数多くの企業が閉鎖した。通貨危機が多くの経済に悪い影響を与えるという、厄介な方向へと展開しつつあった。「ウォール・ストリート・ジャーナル」に報道されているように、一一月一四日までには、ベビータイガーの株価はその年四〇%以上も暴落していた。タイは五〇%も下落していた。リトルタイガーについては、暴落はそれほどひどくはなく、韓国とシンガポールが最も打撃が大きくて三五%だった。明らかにアジアとラテンアメリカの株式市場は、一九九七年に暴落したのである。

東アジアでの成功で味をしめた通貨投機家たちは、こんどはブラジルへ目を向けた。ブラジル経済も巨額の負債と貿易収支の問題を抱えていた。ブラジル当局は即座にブラジル通貨レアール防衛のための措置をとった。彼らは一一〇億ドルを投じて自国通貨を買い、金利を二倍にした。レアールは激しい売り圧力を受けたが、攻勢に耐えたのである。通貨は下落せず、投資家は損失を被った。

ブラジルのレアール防衛成功に、アルゼンチンは助けられた。北隣りのブラジルで通貨が値下がりしたら、それに対応しなければならなくなる。アルゼンチンはその輸出の三〇%がブラジル向けであるため、レアールが安定を維持したとき、アルゼンチンは安堵のため息をついた。しかし、ブラジルの高金利が続けば、南米大陸全体が減速する。所得税率の引き上げによってブラジルの財政赤字を減らそうという緊縮プログラムも議論された。これはすべて減速の前兆である。

その他の国々も感染していた

アジア発の金融伝染病に対する西ヨーロッパの反応は、アメリカのそれと同じだった。ヨーロッパは一〇月最終週の出来事に動揺したが、健全なファンダメンタルズという相も変わらぬ呪文を唱え、平常に戻った。この地域の市場は八月のピークからアメリカと同じく約一〇％下落した。カナダとオーストラリアの株価もほぼ同じように動いた。しかし、東欧はアジアからの震動に揺れた。例えば、ロシアの五〇株のスケート指数は、八月のピークから三〇％落ちてしまった。

根本的な問題は、一体どこにあるのか？

これまでアメリカの専門家たちは、ＩＭＦ、世界銀行、日本人高官などと力を合わせても、通貨危機を阻止できないでいる。彼らは支援パッケージを約束し、多くのタイガーたちの通貨切下げを認め、国際投資家には世界経済の強さを繰り返して安心させてきた。しかし、危機は拡大し続け、アメリカの専門家たちの厳しい監視下にある韓国、そして日本自身へも広がった。間もなく、もっとたくさんのドミノが倒れるはずだ。その理由は、ウォール街の人々たちの言う、いわゆる健全なファンダメンタルズが、深刻な世界的不均衡を産み出したからである。

すべての経済の基本にある根本的な経済要因は、需給関係である。他のすべての要因は、このメカニズムを通して機能する。したがって、ある経済システムの健全さを調べるためには、需要と供給のバランスがとれているかどうかを調べればよい。バランスがとれていない場合、そのシステムは遅かれ早かれ崩壊する運命にある。

供給は、生産あるいは労働生産性から生まれ、需要は賃金から生まれる。賃金が生産性に比例して上がれば、需要と供給は均等に伸び、バランスが保たれる。しかし、賃金の伸びが生産性より遅すぎるか早すぎると、バランスは短期的には他の要因によって人工的に保たれるかもしれないが、長期的にはインフレ、あるいは景気後退および不況という形で、問題が起こる。需要が供給より早く伸びる場合、物価が上昇し、インフレが起こる。その反対に、賃金が生産性に遅れをとると、需要の増大が供給の増大より遅くなり、インフレが減り、失業が増える。企業が売れない商品を抱え、労働者を解雇するからである。

日本でもアメリカでも、一九八〇年代から一九九〇年代にかけて、賃金の伸びが生産性の伸びに劣っていた。これは、第二章でも述べたように、日本ではすでに一九七〇年代半ばに始まっていた傾向である。アメリカでは、一九八二年に厳しい不景気が終わるのとほぼ同時の、一九八〇年代初期から問題がくすぶり始めた。その不景気とグローバル化の進展によって、労働者の大多数の実質賃金、すなわち給与の購買力が減少しはじめた。この事実は、『大統領経済報告書』その他多くの著名な本に詳しく記録されている。実際、一九八九年までは、減ったのは実質賃金のみで、共稼ぎ家族の実質所得は上がり続けていた。しかし、一九九〇年の不景気の後、実質家族所得も減り始めた。この間ずっと生産性は向上し続け、需要と供給の間にギャップが広がり始めたのである。

人口の増大そのものが需要の増大を生み出したが、賃金の停滞により、需要の伸びは、生産性の向上による生産高の伸びより遅れた。

需要の伸びを制限するもう一つの要因は、税負担が富裕層から貧困層へ移ったことである。一九八一年以降、主に富裕層が支払う所得税率は下がり、逆に貧困層や中産階級がその大半を負担する社会保障税は上がった。富裕層が税引き後の所得の中から消費に回す割合は、貧困層のそれより小さいため、税負担の変化によって、需要の伸びはさらに抑制された。

　需給ギャップは、しばらくの間は他の要因によって穴埋めすることができる。例えば、日本では、供給の増加分を輸出し、それによってギャップが取り除かれた。日本の場合、問題は一九九〇年まで先送りされ、その年に株式市場が暴落したとき、国内需要が減り、アメリカはそれ以上の対日本貿易赤字の増大に抵抗した。アメリカでは、銀行融資と消費者負債によって消費者需要が人工的に引き上げられ、需給ギャップは取り除かれた。低金利の銀行融資は、住宅および企業の投資支出を刺激した。投資支出は短期的には需要を引き上げるが、長期的には供給を増大させる。

　需給ギャップが取り除かれると、収益が急激に増えた。なぜなら、賃金コストが減る一方で、生産性が上昇するからだ。会社が給与の高い労働者を切り、給与の安い労働者を雇う企業ダウンサイジングも、労働コストを抑えるのに役立った。こうして、収益は上昇し、株価も上昇した。そしてドイツと日本から資金がどんどん流れ込み、株式市場の上昇は、投機バブルへと変わっていった。

　同様のプロセスが世界中で起こった。賃金の伸びが生産性の伸びより遅れたのに、消費者や企業に対する銀行貸出が、広がりつつある需給ギャップを埋めた。また、収益も株式市場とともに急上昇した。

バブルぎみの成長過程は、一〇年間あるいは一五、六年間も間断なく続くことがある。一九二〇年代には、この傾向は一〇年間も続かなかった。日本では一五年間続き、その後、突然止まってしまった。一五年以上続いたことは歴史上ほとんどない。

現在の地球規模の投機熱は一九八二年半ばに始まった。そして、幾度かの短期的な落ち込みはあったものの、一九九七年半ばのタイの通貨崩壊まで続いていた。今や市場は暴落しつつあり、投機も崩れ去り、清算の時が始まった。

銀行が貸出を遅らせたり、負債を負った消費者が借入れを減らすと、投機的な成長過程が終わる。人工的な需要の支えが消え、しばらくの間隠されていた需給ギャップが表面化してくる。潜在的ギャップが隠されていた期間が短かければ、その後に起こる不景気も短命に終わる。しかし、それが一〇年以上も隠されている場合、株式市場は暴落し、大不況が起こる。ギャップが長期間かつ深刻なものであればあるほど、それに続いて起こる苦痛と不況もその分だけ深刻になる。

もう一度強調しておこう。生産性は供給の源であり、賃金は需要の源である。その二つの間のギャップが増大すれば、一九二〇年代のように、まず、株式市場が急上昇し、そして暴落する。暴落は一九二九年にアメリカで、一九九〇年代に日本で起こった。そして、一九九七年には、日本、東南アジア、ラテンアメリカで起こっている。

今日のアメリカ経済の場合、事態を複雑にしている要因がもう一つある。アメリカ国内では、供給過剰はない。実際、アメリカの国民需要は供給より多く、その差は輸入によって埋められ、貿易赤字が発生する。しかし、多国籍企業が、タイガー経済、インド、ラテンアメリカ、メキシコ、中国、東欧などに新しい工場を数多く建設してきたため、需給の不均衡は世界経済の中に存在するようになった。製造業界の大部分は、過剰設備に悩んでいる。自動車、コンピュータ、工作機械、エレクトロニクス、家庭電化製品などはすべて過剰な生産キャパシティをもっているが、ただし、それらはみなアメリカの国外にある。

投機的なバブル経済は、銀行が目を覚まし、危険性の高い貸出、つまり不良債券になりそうな貸出をしすぎてしまったことに気づく、その瞬間から終わりに向かう。その時から、銀行は貸出を抑制するのだ。東南アジアの場合、危機的な時点は、投機家たちが負債に悩むタイの通貨に攻勢をかけた、一九九七年半ばに訪れた。突如として、タイの銀行は、空っぽのオフィスビルや、テナントのいないショッピングセンターなどに無謀な貸出をした愚かさに気付いたのである。通貨下落が目覚ましとなり、融資は激減した。今や消費者需要は低賃金で支えられるレベルまで落ち込み、生産能力つまり供給が、需要をはるかに超えてしまっている。これは一九九〇年以降の日本の問題だったが、今やアジア経済全体は日本化され、日本と同じ状況に陥っている。特に近年中国で建設されている巨大な新設備を考慮すれば、なおさらである。

中国も韓国のようになるかもしれない、と考える人もいる。韓国ではこの数ヵ月に何千人もの労働者が解雇されている。一九九七年一一月二七日付の「ニューヨークタイムズ」で、セス・ファイソン記者はこう論じている。「今、アジアの多くを巻き込んでいるような金融災害に襲われやすいと思われる国が一つあるとすれば、それは中国である」。一九九四年以来、中国通貨の元は、アメリカドルに対して二五％高くなった。近隣のタイガーたちの通貨はほとんどドルに対して下がっているのにかかわらずである。これは、中国の輸出を妨げ、北京の財政問題を悪化させる可能性がある。中国への海外投資は一九九七年には四〇％減っており、長期的にはこれが対外債務の問題を引き起こすかもしれない。幸運なことに、中国は短期債務がほとんどなく、株式市場にも海外資本があまり入っていないので、突然資本逃避が起こっても危険は少ない。しかし、もし中国が元を切下げざるをえなくなれば、またアジアにおける一連の平価切下げと通貨不安を誘発するかもしれない。

通貨は強くても、中国の異常に低い賃金は、タイガー経済とその賃金に、さらに大きな圧力を加える可能性があり、その結果、タイガー経済の賃金は下落するかもしれない。賃金が減ると需要も減少し、需給の不均衡が悪化する。需給の不均衡はすでに明らかになっており、そのためベビータイガーの株式市場は、六ヵ月もたたないうちに、四〇％以上も暴落しているのだ。この暴落のスピードは、一九二九年のアメリカ、一九九〇年の日本のそれより速い。これらはすべて、アジアのすぐ先の見通しは暗く、一九三〇年代に世界を襲ったような惨禍を繰り返さないために、今こそ早急に適切な措置をとらなければならないことを意味している。

第六章　世界経済の未来展望

株式のバブルは、日本では一九九〇年にはじけた。しかし、アメリカ、そして他のほとんどの国々では膨張し続け、地球規模の現象となった。アジアとラテンアメリカの株式市場はたしかに一九九七年末に暴落したが、まだバブルがはじけたとは言えない。多少はへこんだが、割れてはいない。これは、世界最大の経済であり、機関車のような役割を果たすアメリカの株式市場が、ほんの少し下落したに過ぎなかったからだ。ダウ指数は七五〇〇あたりをうろついた。それは九七年八月のピークには劣るが、それでも一九八二年の九倍以上だった。

ヨーロッパ、カナダ、オーストラリアでも、株価は少ししか下がらなかった。こうしてグローバル・バブルは、一九九七年の終わりを迎え、今なお隆盛を続けている。日本は九七年末の時点ですでに七年間にわたる停滞に苦しんでいたとはいえ、今だに国際的なバブル経済と密接に関係していた。日本は、貿易黒字と、韓国やベビータイガー各国へのむこうみずな融資によって、そのバブル膨張に寄与してきたのである。

一九九七年をふりかえれば、地球大のバブル経済は、国によって異なった膨らみ具合をみせていた。世界最大のバブルはやはりアメリカにあった。ヨーロッパのバブルがその次に大きかった。日本はというと、一九八九年末のバブルに比べれば大したことはなかったが、それでもまだ投機の熱気が充満していた。株価や土地の値段は暴落していたが、日本の銀行はまだ国内外の不良債権を数多く抱えていた。

地球規模のバブル経済はいつまで続くのか?

一九八〇年代にバブル経済を経験し、一九九〇年にその崩壊をみた日本が、今や、地球規模のバブル経済と切っても切れない関係にあるはことは、実に皮肉である。七年間も不景気に見舞われた日本の株式市場は活力に欠け、今はそれぞれ独自のバブル経済を持つ外国の市場の安泰に、以前にも増して依存している。日本の産業は、一九九八年も、一九九〇年に直面したのと同じくらいの危険に直面している。これは政府の怠惰の代償ともいえる。これは、銀行が次々に破たんしても適切な予防措置をとらなかった、一九三〇年代初期のアメリカ政府の姿勢を思い起こさせる態度である。

バブル経済は、通常はじけるまで七年間続くということを歴史から学ぶことができる。一九二〇年代のように、一〇年間ずっと続く時もあれば、ごく稀に一六年続くこともあった。しかし、それは例外的である。例えば、メキシコで起きたバブルは、一九八八年に高まり始め、一九九五年に崩壊した。チリでも同じことが起こった。タイのバブルは、一九八七年に膨張し始め、一九九四年にはじけた。このように、投機熱は多くの場合、七年目か八年目に崩れる。

時々、社会経済システムや生活様式がまさに変容しようとするときは、一五、六年間もバブルが続くことがある。日本のバブルは一九七五年に始まり、一九九〇年と一九九一年に割れた。アメリカの金融市場を中心に築かれた現在のグローバル・バブルは、一九八二年に始まり、一九九七年まで続いている。その一六周年目にあたるのが、一九九八年の六月か八月である（開始時点をいつにするかによって変わる）。もしこれからも歴史の法則に従って物事が運ぶとすれば、現在のグローバル・バブルは一九九八年にはじけるはずだ。

自然の法則に永遠に逆らうことはできない。個人も国も、何世紀にもわたって続いてきた自然の法則を、破ることができると信じているかもしれない。しかし、最後には、彼らは衝撃を受け、損失を被る。自然を長い間欺くことはできない。かつて、「日本は違う」と唱えていた多くの投機家たちも、今は考え方を変えた。同じ様に、株を売り続けるために、頻繁に経済の基礎条件の良さを引き合いに出して、人々を惑わせているアメリカの専門家たちも、ついに間違いを認めるときが、間もなくやってくるだろう。

私の計算が六ヵ月ずれていたとしよう。そうすると、バブルは一九九八年のあいだは続いて、一九九九年の初めにはじけるかもしれない。しかし、バブルは必ずはじける。それは疑いの余地はない。

アメリカのバブルは最後にはじける

いずれにせよ、アメリカのバブルがはじけるのは最後だろう。それは、アメリカがそのビジネス帝国の中心に位置し、他の国々がその周辺にあるからだ。ある帝国が崩壊するとき、中心は最後まで崩れない。一番遠い所にある領土がまず倒れ、それから近隣の領土、そして最後に中心が倒れる。一九九〇年代のソ連共産主義崩壊の時は、一九八九年一一月のベルリンの壁の崩壊後、東ドイツがまず崩壊した。それから、ポーランド、ルーマニア、ハンガリー、チェコスロバキア、ユーゴスラビアの共産主義の番だった。これらの国々は、ソ連から遠い衛星国だった。まずそれらが崩壊した。それからウクライナ、アルメニア、グルジア、アゼルバイジャンなどの近隣諸州が独立を宣言した。最後に、ソビエト帝国の中心にあった、ロシアで共産主義が倒れた。

来たるアメリカビジネス帝国の終焉では、アメリカは中心にあるため、最後まで倒れない。一九九〇年代、株式市場の崩壊が周辺地域では繰り返し起こっているが、アメリカ、ヨーロッパ、カナダ、オーストラリアでは起こっていない。日本は一九九〇年と一九九一年に破壊的な打撃を被った。また、台湾、タイ、シンガポール、メキシコでも、一九九三年から一九九五年にかけて、そして再び一九九七年に、市場が暴落した。周辺地域が損害を被ると、帝国の中央もその痛みを感じるが、程度に差がある。同じように、アメリカの株式市場も遠隔地域での混乱に悪影響を受けるが、また、すぐに回復する。

アメリカにも災難が迫りつつある。一九九〇年に日本の株価が暴落した。一九九七年には、日本、タイガー諸国、東欧、ラテンアメリカが暴落に苦しんだ。次の暴落は、アジア、ラテンアメリカ、ヨーロッパ、そして、もしかするとオーストラリアとカナダかもしれない。アメリカもかなりその苦痛を感じるが、それを払い除けるだろう。

アメリカの市場は間違いなく下落するが、その後、一九九七年の八月、一〇月、一一月と同じように、損失の一部を迅速に回復するだろう。しかし、下がるたびに下落率がその前の下落率より悪化していく。

例えば、一九九七年八月のある日、ダウは約二五〇ポイント下がり、それから急速に回復した。しかし、次の一〇月には、五五四ポイント下がり、その損失を部分的に取り戻しただけだった。一九九八年には、世界中で一連の暴落が起こるが、最初のうちは、アメリカより、遠隔地域の暴落の方がひどいだろう。今日の世界では需給ギャップは異常に大きく、このギャップが消えるまで、株価に圧力がかかり続けるだろう。暴落ごとにそれは悪化していく。どの株式市場にも、強気の買方(英語でブル〈雄牛〉と言う)と弱気の売方(英語でベア〈熊〉と言う)がいる。買方は株価が上がることを予期し、売方は下がることを予期する。したがって、株式市場は常に買方と売方の戦場なのである。楽天主義者が優勢になると株が上がり、悲観論者が勝つと株が下がる。日本では、一九七五年から一九八九年まで、売方は絶えず敗北を喫していたが、一九九〇年以降、彼らは戦いに勝っている。

アメリカの市場でも、買方が長い間勝利してきた。実際、現代の裕福な投資家のほとんどは楽天主義者なのである。一九九八年の株価暴落は、長い祝日休暇の頃か、バケーション期間、買方が出かけて、ビーチでのんびりしたり、観光地で浮かれたりしているときに起こる可能性がある。買方が家にいて縄張りを守っていないときに、売方が勝利する。

ダウが五五四ポイント下がった一〇月のニューヨークでの暴落の翌日、ＩＢＭなど潤沢な現金を持つ会社が、自社株を買うという発表を大々的に行った。その前日の売方たちの市場揺さぶりに対して、買方たちはこうして反撃したのである。しかし、バケーションの間は、多くの投資家たちが町を離れる。したがって彼らは突然の危機に迅速に対処することができない。さらに、そのときには株取引の量も減るため、株価の変動が誇張される。取引が少ない日には、どんな悪いニュースでも過敏な売りと暗い気運を引き起こし、それが二、三日も続けば、絶頂に達して、暴落が起こる。近い将来には、このような悪いニュースは豊富にあるだろう。さらに、一九九八年はアメリカで始まった現行のグローバル・バブルの一六年目に当たる。私は歴史上、一六歳の誕生日を超えて生き延びた投機熱の存在を知らない。

旧正月は通常二月の初めにやってくる。そのとき、香港、台湾、シンガポールの華僑投資家の多くが、正月を祝うために出かけるだろう。そのとき、再び暴落がアジア、ラテンアメリカ、そして、もしかするとヨーロッパを襲うことが予想される。アメリカも打撃を受けるが、それを無視するであろう。

アメリカでは三月中旬に春休みがある。二月には暴落を逃れたとしても、次の三月には、暴落する可能性がある。あるいは、両月とも市場暴落があるかもしれない。

買方と売方の本当の戦いは、一九九八年の夏にやってくる。夏にはたくさんの人々が仕事や投資事業を休む。夏は六月に始まり、九月に終わる。この間に多くの暴落が起こるだろう。一〇月は伝統的に市場が悲観的になる時期である。この月は、下降志向が特に支配的になるかもしれない。

注意すべき次の時期は、一九九八年末、クリスマスと正月のあたりだろう。もちろん、私の予想は二、三日ずれるかもしれない。しかし、確かなことは、一九九八年には、アメリカを含む世界中で、一連の株式市場の崩壊が起こる、ということだ。

市場暴落の性質として、株式指数は起点に戻る傾向がある。一九二九年のニューヨークの株式暴落の後、ダウは三年間で八〇％以上も落ちた。日本では、日経指数は一九九〇年から一九九三年の間に、六〇％落ちた。したがって、歴史を見れば、一九九八年以降、ダウ、日経その他の株式指数がどのような落ち方をするか、手がかりがつかめる。

もし一九九八年に五〇％以内の下落しかなかった場合、その年と同じ季節的パターンに従って、一九九九年も暴落が続くだろう。全部で八〇%ぐらい暴落するかもしれない。一九三〇年代初期と同じレベルだ。日経が一九八九年に達したピーク、三九〇〇〇の八〇%下落するなら、その指数は七八〇〇まで下がることになるだろう。つまり、日経も一九九八年、一九九九年には、一九九七年末の約一五〇〇〇から、さらに急落する可能性がある、ということだ。

展開する経済シナリオ

アジアの危機は、どのようにアメリカやヨーロッパに波及するのだろうか。アジアのタイガーや日本の通貨は、このところ急激に下落している。これらの国々からの輸出品は海外で安くなり、輸入品は国内で高くなった。また、企業倒産や解雇も起こっている。アジアの消費者は支出を削減している。外国製品が高価になり、需要が減ったことで、輸入が急激に減るだろう。しかし、輸出品が低価格になったことで輸出が促進される。このため、ヨーロッパやアメリカでは、これからアジアとの貿易赤字が急激に増大するだろう。

ヨーロッパや北米の企業は、売上げがなくなり、収益が減る。それは企業収益が増大し続ける、という見込みのもとに上昇してきた株価の壊滅的損失を意味する。

最初のうちは、ヨーロッパや北米の株主たちは自己満足しているだろう。彼らはウォール街のブローカーや銀行業者に、アメリカのファンダメンタルズはとても健全と思われるから慌てないように、とアドバイスされる。ビル・クリントンもアラン・グリーンスパンも、金利を下げて人々を安心させるだろう。専門家たちは人々に長期投資の偉大さを謳って聞かせるだろう。その結果、下落のたびに株式市場は多少回復するだろう。

しかし、地球規模の需給ギャップは消えず、そして金融市場の崩壊が起こり続ける。ある時点で、一般の人々も機関投資家たちもパニックに陥る。ニューヨーク証券取引所が青天の霹靂に襲われるそのときである。おそらく一九九八年夏か、クリスマスごろか。一九九九年の夏までには絶対に来るだろう。

残念ながら、企業エリートたちが私欲に狂うと、アメリカの国全体が大きな犠牲を払うことになる。結局アメリカはタイを巨大化したようなものなのだ。ベビータイガーの場合と同じように、アメリカも大量の対外債務と莫大な貿易赤字を抱えている。アメリカ経済と株式市場は、海外からの豊富な資本流入によって繁栄してきた。自然はどんな国や国民にも公平である。長い間自然の法則に背けば、その結果はシェークスピア風悲劇となる。

まず、周辺地域が倒れ、それから中央が倒れる。中央が崩壊すると、遠隔地域がさらに苦しむ。ニューヨークに落ちた霹靂の衝撃は世界中に伝わるだろう。東京、ロンドン、トロント、シドニーと、再び株式が暴落するだろう。

二〇〇〇年までにアメリカビジネス帝国は崩壊する

他の帝国と同じように、アメリカのビジネス帝国も崩壊する。問題は崩壊するか否か、ではなく、いつ崩壊するか、である。

どんな社会にも、よく見ると政治力の源になりうるものが三つあることがわかる。それは軍隊、知性、お金である。宗教も社会的な影響を与えるが、僧侶たちは経典と儀式に精通することによって社会を支配する。すなわち、彼らも知性を利用して人々をコントロールし、影響を与えるのである。したがって、政治的リーダーシップの源は三つしかない。その結果、歴史を通して、社会は、時には武人によって、時には知識人（僧を含む）によって、そして時には金持ちによって支配されていることがわかる。

さらに興味深いのは、軍が支配する軍人の時代の後、教養のある官僚が支配する知識人の時代がやってきて、その後、お金が支配する富者あるいは守銭奴（財産を蓄えたがる者）の時代がやってくるということである。守銭奴があまりに多くの富を取得するので、他の人々は、ただ生きるためのお金を稼ぐのに、ほとんどの時間を仕事に費やさなければならなくなる。そのとき、人々は金持ちにうんざりして、金の支配とそれに関連した制度を覆えす。その後、武人が再び社会を支配し、社会進化の循環が新たに始まる。つまり、武人が再び権力を握り、そのあと知識人、守銭奴というふうに。

これは今は亡き私の師、P・R・サーカーによって著された、社会循環の法則である。例えば、西洋世界と日本は、キリストの誕生以来、そのような循環を二度経験している。西洋社会では、ローマ帝国が武人の時代、カトリック教会の支配が知識人の時代、そして封建主義が富者の時代であった。これで社会循環が一巡りした。次の循環は、王国と王朝を建設した軍隊の将軍の支配が、封建主義に取って替ったときに始まった。そのあと、首相や外交官の支配、つまり知識人の時代が再びやってきた。一八六〇年頃から今日に至るまで、資本主義の西洋は、再び守銭奴の時代である。この時代の出現に、アメリカビジネス帝国が顕著な役割を果たしているということは、今日の世界のほとんどが富者の時代であることを示唆しているといえる。

一九七八年に、私は『ラビ・バトラの世界経済大崩壊（The Downfall of Capitalism & Communism)』(徳間書店刊)という本を書いた。その中で、私は社会循環の法則について説明し、二〇〇〇年までに資本主義とソビエト共産主義の両方が崩壊するだろうと予言した。ロシアとその衛星国は武人の時代から知識人の時代に移り、西洋は再び武人の時代に移るだろう、というのが私の論拠だった。未来の軍隊の時代には、軍の将校たちが、富者から何も援助を受けずに、政治の最高指導者に選ばれるだろう。

守銭奴の時代の末期には、極度の負債と貧困が存在する。なぜなら、金持ちのエリートがその国の富のほとんどを取得しているからだ。封建主義が死の鐘の音を聞いたのは、そのときであり、今日の私たちの状況と同じである。

アメリカ人のたった一％が富の四〇％以上を所有している。アメリカ人の半分が、千ドル以下の預金しかない。消費者負債は記録的な多さである。資本主義あるいは守銭奴の時代は、今、まさに終わりを迎えようとしている。ソビエト共産主義が目の前で崩壊したのと同じように。そして終わりの始まりは一九九九年に起こる。青天の霹靂がニューヨーク証券取引所を襲う直後である。

アメリカビジネス帝国は、ローマ帝国の最後の数年間と同じパターンをたどっているように見える。ローマは近隣および遠隔地の領土をたくさん植民地化し、貿易赤字を賄うために、彼らから税金を搾り取っていた。後に、これらの領土の武人たちが帝国を侵略し始めた。まず、周辺の領土が倒れ、それから近隣の属州が落ち、最後に首都が陥落した。

アメリカのビジネス帝国は、今や周辺地域のビジネスマンたちに侵略されつつある。彼らはすでにアメリカ国内市場の多くを獲得している。アメリカはかつて自らが発明し、開拓した製品をもはや生産していない。テレビ、VCR、家庭電化製品、繊維、造船などは、輸入の激しい攻撃にさらされ、事実上、消滅したアメリカの産業である。アジアの通貨安が、さらなる大きな輸入の洪水となって、残りのアメリカ産業をも押し流そうとしている。輸入の洪水自体は、体制を覆すほどの損害を与えないだろう。たしかに、生活水準は少し落ちるだろうが、体制は生き残る。しかし、アメリカは世界史上、最も膨れ上った投機バブルのさなかにある。また、すでに述べたように、巨大な貿易赤字を抱えた世界最大の債務国でもあり、この致命的な組合せは、すでにアジアのタイガーの一部を破壊してきたのだ。

輸入品によるアメリカビジネス帝国侵略の結果は、いわゆる野蛮人のローマ帝国侵略の結果と同じである。ローマ帝国の消滅のあと、新しい時代が誕生した。一九九九年末から、同じプロセスが西洋でも起こるだろう。

経済の近未来予測

簡単に、経済のファンダメンタルズと呼ばれるいくつかの重要な要因の今後の動きをみてみよう。

金利

一九九八年には金利はどのような動きをするだろうか。株式市場が暴落するたびに、アメリカでは金利が下がるかもしれない。日本ではすでに最低に達しているので、これ以上は下がりえない。投資家たちは世界中で大きなリスクにさらされている。株価の暴落で痛い目にあった投資家たちは、慌てて比較的リスクの少ないアメリカ国債のような証券へと走るだろう。周辺部が倒れ始めると、人々は中央へと逃げ込むものだ。同じように、投資家もアメリカ国債に殺到し、アメリカの金利が下がるだろう。

これは株式市場暴落のまだ初期段階の影響である。ひとたびニューヨーク証券取引所が溶解すれば、資本がアメリカから流出する。するとアメリカの金利は上がる。

ドル

一九九七年末の時点では、アメリカドルは近年のレベルに比べて、非常に強力だった。その年ドルは、ドイツマルク、円、ウォン、ベビータイガーの通貨に対して値上がりした。他の証券取引所が膨大な損失に直面しているので、ダウそのものが、激しく永続的な暴落に見舞われるまで、ドルはさらに値上がりするかもしれない。しかし、ダウ崩壊後、ドルは下落し、一九九五年上半期の低い水準をさらに下回るかもしれない。他の国際通貨はドルに対して値上がりする。おそらく円とドイツマルクが最も大きな恩恵を受けるだろう。

金

一九九七年、金価格は急落した。一九九八年も概むね低い水準に留まり、アメリカドルの下落後に、はじめて回復するかもしれない。物価が急激に上昇したり、社会に混沌が広まると、人々は金に救いを求める。金はインフレ、不確実、惨禍などに対する損失防止措置として好ましい。世界の三大経済大国、アメリカ、日本、ドイツでは、今、インフレ率は低い。現在、金価格に対するインフレ圧力はなく、一九九七年に金は急激に値下がりした。

株価暴落は消費者を不安にさせ、需要とインフレは下がる。したがって、金はさらにその輝きを失うだろう。投資家がドルの値下がりに苦しんだ後、はじめて金は回復するだろう。この回復がどれほど強いものかについては、予め判断するのが難しい。経済的困難に政治的混沌がからむと、金価格は高騰する。

デフレ対インフレ

アメリカでは、アラン・グリーンスパン連邦準備制度議長が、金融市場とともに、インフレの開始を絶えず心配してきた。実際、連邦準備制度は、一九九五年に当時はまだ目に見えなかった将来的インフレを避けるだけのために、金利を引き上げたのだ。それ以来、インフレ率は下がっている。アジアでの通貨安によって輸入価格が下がり、アメリカでデフレが起こるかもしれない、と考える専門家もいる。一九三〇年代には、こういうことが起こったのだが、同様の状況のもとでは再発するかもしれない。だから、一九九八年にデフレになる可能性は強い。しかし、ドルが他の通貨に対して値下がりし始めると、おそらく一九九九年半ばまでにはまたインフレが盛り返してくるかもしれない。

不動産

通常、不動産価格と株価は連動する。株式市場が暴落し続けると、世界中で土地や住宅の価格も下落する。それには一九九〇年以来、土地価格がかなり下がっている日本も含まれる。しかし、東京の不動産はまだ非常に高く、さらに下落する可能性がある。

アメリカでは、一九八七年一〇月のブラックマンデーに続き、多くの州で不動産が影響を受けた。ニューヨーク、カリフォルニア、テキサス、フロリダでは、住宅価格が大きく下落した。同じことが一九九八年、一九九九年にも起こりそうだ。

定期預金証書

定期預金証書は、あなたのお金を預けるには、最も安全な場所の一つであろう。但し、それは保険が付いていればの話だが。それ以外では、国債や最大手の銀行が安全である。なぜなら、中央銀行はこの種の投資を保護するからである。一九三〇年代から学ぶべき教訓が一つあるとすれば、それは銀行は破綻させるべきではない、ということである。今日、政府が権力の座を保ちたいと思うなら、銀行制度に対する注意を怠る余裕はない。

崩壊の後は黄金の時代

しかし、未来は全く絶望的というわけではない。ひどく曇った景色に明るい光明が差している。過去において、すべての社会システムは、それが取って替ったシステムよりよいものへと変わっていった。実際、ほとんどの守銭奴の時代の後には黄金時代がやってきた。人々は守銭奴の支配から免れて本当に幸福だった。そして新たな経済、社会、政治、宗教の制度を発展させた。ひとたび、お金が政治を支配する時代が終わると、社会的規律が戻ってきた。技術が向上し、実質賃金は上昇した。犯罪やポルノグラフィは減少し、古風な倫理的かつ精神的な価値観が復活した。守銭奴がはびこる物質主義の闇が消え去り、人々はより誠実で、憐れみ深くなった。

所得と富の集中を大いに減らすために、いくつかの経済改革が制定された。貧困層と中産階級の税負担は減った。これは記録された歴史を通じて、どの文明にも起こってきたことだ。これは自然の法則である。支配エリートが冷酷になり、腐敗し、搾取的になったとき、自然は社会循環に沿って、彼らの支配に終止符を打ち、新しい階級を権力につけるための条件を造り出す。守銭奴の貪欲の支配は、社会を極端に堕落させるので、次には黄金時代が到来せざるを得ない。将来、こういったことが再び起こらないという理由はない。アメリカビジネス帝国崩壊の後には、黄金時代がやってくる。それは社会循環の法則の免れ難い定めなのである。

賢明な投資戦略で生き残る

今日の状況は、一九二八〜二九年の大恐慌前夜と非常によく似ている気がする。当時、地球レベルで経済が崩壊寸前の危機に直面していたことを、ほんのわずかの人々しか認識していなかった。世界各国の債務は膨張し、平価切り下げの波はすでに始まっていた。

それから一年も経たないうちに、次々に暴落が起きたのである。一九九七年末に、韓国で起きたことは、すでに一九二九年のアメリカで経験ずみだった。再びこのような最悪の事態は発生しうるのだろうか。その可能性は決して否定できない。人間がこの何十年かで本質的に変わったとはいえない。貪欲に振り回されている傾向はむしろ強まっているようにみえる。また、経済の投機バブルも当時より深刻なものである。

したがって、一九二九年から一九三〇年代にかけての恐慌が繰り返される可能性は十分にある。私が推測するには、その確率は七〇%を上回っている。このような状況において、お金の使い道には十分な注意が必要だ。株、債券、不動産などのように、危険性の高い投資は控えるべきだろう。いままで、不安な時代にこそ信頼されていた金にも、多くの物価が下がるデフレが世界を襲おうとしているいま、安心して投資することはできない。

個人的な見解として、一連の暴落と崩壊が若干落ち着く一九九九年までは、非常に用心深くなる必要があるように思う。もしも、私が株や債券の持ち主だったら、それを今すぐに売り払い、とりあえず一銀行ではなく複数の銀行の定期預金、あるいは二年以内に満期になる短期国債に回すだろう。長期的な投資をどうするかは、一九九九年以降に決めるのが賢明のように思われる。

これは、リスクを伴わない投資戦略である。ほとんどの分野において無敵にさえみえるアメリカの経済力が騒がれている今、このような極度の用心深さを好まない人もいるかもしれない。しかし、崩壊の前兆がはっきりと現われているときに、リスクを負うことはお勧めできない。最終的には、どのような戦略を練ろうと、どのような行動を取ろうと、我々は困難の多い時を経て、必ずや未だかつてないほどの黄金の時代に向かっていくのである。

第七章　今こそ、真の改革が求められる

ほんの二、三十年前には、私たちは人格・道徳、健康、お金という順に、物事に優先順位をつけていた。つまり、人格を失ったら、すべてを失い、また、健康を害したら、重要なものを失うが、金をなくしても、何も失っていないのに等しい、という格言を信じて生きていた。今日私たちはそのちょうど反対を信じているようだ。世界のどこでも、人々はほとんど例外なく、お金に執着しており、その他のことは、ほとんど重んじられていない。たった五〇年のあいだに、道徳的価値が大いに退化した。そのほとんどは、アメリカビジネス帝国の文化輸出の所産である。

この帝国がその役割を終えたことは明らかだ。もし人々が倫理的で、情愛に満ちた、幸せな生活を送りたいと思うなら、資本主義や物質主義的な生活様式に代って、新たなシステムが登場しなければならない。確かに資本主義は、急激に増大する人口の物質的ニーズ

を満たす方法を、世界の人々に教えてくれた。それは、過去に王族のみが得られたような快適さを与える機械や技術を作ることによって、私たちの生活を豊かにしてくれた。今日、機械が私たちの家を暖房、冷房し、床を拭き、料理をし、数十年前なら大勢の使用人が必要だったような贅沢を提供してくれる。

私たちは物質的なものに一意専心してきたために、私たちの存在のその他の面を見失ってしまった。この過程で、道徳が破壊されてしまった。人々は自分の身の安全を絶えず心配しながら生活している。新聞を開けば、そこには最も恐ろしい暴力が満ちている。子供は親を殺し、親が子供を殺している。生徒が他の生徒や教師を殺す。老人が毎日のように強盗や暴行にあっている。

新しい経済理論の創造

私たちには、資本主義の技術的業績を保ちつつ、旧来の美徳を取り戻せるようなシステムが必要だ。人間の命の尊厳は敬う必要があるし、思いやりと誠実さは報われるべきだ。指導者はお金ではなく、倫理的道義を追い求めるべきだ。今日、思想の領域には大きな空白がある。新しい技術や工業化によって得られた物質的進歩を犠牲にすることなく、私たちの色々なニーズを調和させる新しい哲学が必要である。社会循環の法則の発見者、P・R・サーカーは、見事にこの空白を埋め、プラウトと呼ばれる新しい社会経済システムを提案した。それは今日の人間にとって緊急なニーズを満たすために考案されたものだ。

プラウト（Prout）とは、進歩的活用理論（progressive utilization theory）のことである。プラ（Pro）は進歩的（Progressive）、ウ（u）は利用（utilization）、ト（t）は理論（theory）からとったもので、全部合わせてプラウトとなる。この趣旨は、私たちのすべての行動と社会制度は、常に人間と社会を進歩に導くものであるべきだ、というものである。

肉体、知性、精神――三つの勢力のバランス

プラウトは、私たちの存在の三つの局面、すなわち肉体的、知的、精神的存在のすべてについて、新しい理念を提供する。それぞれの局面の中で、そしてすべての局面の間で、バランスが保たれる場合にのみ真の進歩が起こるというのだ。現代社会の問題が増殖した

のは、私たちがこのバランスを見失い、物質的な側面にのみ関心を奪われているからである。そうでなければ一九九七年の最後の二ヵ月間に、アジアやラテンアメリカの新興経済国で、株式および通貨市場が日々暴落したにもかかわらず、ヨーロッパやアメリカで株価が異常に高騰したことを、どうやって説明できようか。例のごとく、極度の貪欲に駆り立てられて、企業エリートたちは、非常に洗練された偽情報を株主に与え、世界に広がる彼らの帝国を生き長らえさせたからだ。

プラウトは多くの創意豊かな理論に枝分かれした、広大な哲学である。私がここで提唱したいのは、世界経済を安定させるためのプラウト主義経済改革である。アメリカと日本は、世界最大の経済大国であり、両国がその改革を採用すれば、今、アジアの伝染病と呼ばれているものを食い止めることがまだ可能かもしれない。近い将来世界の株式市場を襲うと思われる、経済的大破壊を避けるために、最善を尽くすべきである。

実質賃金とGDP

プラウトによれば、活気のあるダイナミックな経済とは、すべての人々の生活水準が上がる経済である。技術の進歩があっても、貧困層や中産階級の境遇がよくならず、金持ちばかりがお金を儲ける場合、経済は基本的に停滞し、搾取的である。新しいエレクトロニクス、コンピュータ、自動車などの魅力は、大衆の停滞した生活水準の前に色褪せてしまう。

ビル・クリントンが一九九三年一月にアメリカ合衆国大統領になった後、アメリカのGDPは急激に上昇した。一九九四年の最終の四半期には、成長率は五％を超えるほどだった。これは過去一〇年間で最も高いレベルだった。アメリカの企業は速いペースで、新しい技術を導入してきた。しかし、労働力の七五％近くにとって、実質賃金は低下し、貧困率は上がり続けている。現代のエコノミストはそれを「技術的あるいはテクノロジカルダイナミズム」と呼ぶ。プラウト流にいえば、それは「利己的な搾取」としか呼べないものである。それは実に極悪非道なことであり、農奴たちが苦労して働いた成果を封建君主が搾り取っていた、中世の封建主義を彷彿とさせる。現代の違いは、コンピュータの利用増大の結果起こった国民生産性向上の成果を、効率性向上の名のもとに、企業の経営者や会社の会長が強奪している、ということだけだ。効率性の向上は、本来、社会福祉を向上させるはずだ。しかし、貧困層や中産階級は、夫婦ともに昼も夜も仕事に励み、新しい技術をマスターし、一週間六〇時間も働き、その見返りに彼らが得るのものは何かといえば、減少する実質賃金である。これが現代資本主義と、それをサポートする企業エリートの専制なのである。

ある経済の現状を判断するために、伝統的な経済学では実質GDPの水準と成長率を検証する。それは小売市場価格で評価した、すべての商品とサービスの生産である。インフレ修正後のGDPが、二つの四半期に続けて減少する場合、エコノミストはそれを不景気と呼ぶ。実質GDPが数年にわたり減少する場合、それは不況になる。そうでない場合、特に実質GDP成長率が三%を超える場合、経済は満足な状態とされる。この定義では、例えば、日本の不景気は一九九二年に終わったことになる。一般の人々や従業員の感情などお構いなし。単に実質GDPが二期続けて減少しなかったので、政府は不景気は終わったと宣言した。

実質GDPは総計的概念であり、極端な金持ちの所得と非常に貧しい人たちの所得をひとまとめに扱っている。どんな経済でも、通常、人々の五%は豊かで、三〇%は貧しく、残りが中産階級に属する。トップの五%の所得が上がれば、残りの九五%の所得が減少あるいは不変でも、GDPが上昇することはありえる。アメリカでは一九七三年以来、このようなことが起こっており、ビル・クリントンの当選以来、さらに悪化している。同じことが一九九〇年以来、日本でも起こっている。

ある国の経済を評価するとき、プラウトは平均実質賃金を調べる。それは人々の購買力を計ったものだから、インフレ修正されている。プラウトによれば、大多数の人々にとって実質所得が減少すれば、たとえ実質GDPの成長率が高くても、経済は不景気である。三年以上平均実質賃金と雇用が減少、あるいは低く留まる場合は、その経済は不況である。

プラウトの経済理論は、常識と一般の人々の感情を反映している。この観点から見れば、日本は一九九一年以来不景気である。実質GDPは多少増えたが、失業率の上昇、残業の激減、数々の中小企業の倒産などにより、大多数の人々にとって実質所得は減っている。アメリカもまた、GDPと生産性はかなり増えているにもかかわらず、人口の大多数にとって実質賃金が減っているため、一九九〇年以来不景気である。従来の経済学の見方では、アメリカの失業率は一九三九年の時点で一七％にもなっていたのに、大恐慌は一九三三年で終わったとみている。これは、明らかに、経済学のものさし自体に問題があることを如実に示している。

バランスのとれた経済とは?

プラウトは、すべての人の生活水準を引き上げるために、国はバランスのとれた経済を持つべきだ、と主張する。そのような経済の主な特徴は、特殊化に対する多様化である。賢明な投資家は、自分の卵を全部一つのカゴに入れない（全資産を一事業にかけない）ことはよく知られている。なぜなら、もしそのカゴが落ちたら、全部の卵が同時に割れてしまう危険性があるからだ。代りに、投資家は色々な資産に投資することによって多様化する。株、証券、不動産、金などを買う。資産投資を多様化することによって、賢明な投資家はリスクを最小限にする。一つの資産の価値が減っても、他の資産が値上がりし、損失を減らしてくれるかもしれないからだ。

一九九〇年以来、日経指数も不動産価格も激しく下落している。しかし、長期債券は急上昇している。日本では株式、証券、不動産と、多角化した投資をした人達は、株と不動産のみに集中してお金を注いだ人達ほど苦しんではいない。バランスのとれた経済の背景にある考え方も同じである。特殊化された経済に比べて、多様化された経済の方が、ずっと安定しており、投機バブル、市場暴落、不景気、不況の脅威に対して抵抗力がある。ある国が多くの重要なセクターにその資源を割り当てるとき、経済の多様化が起こる。主なセクターは、農業、林業、漁業、製造業、鉱業、建設業（あるいは住宅産業）、そして種々のサービス業である。外国に頼ることなく自国の生産で、食料、工業製品、建設用資材、サービスなど国民のニーズのほとんどを満たす場合、その国の経済は多様化している、あるいはバランスがとれている、といえる。

便宜上、種々のセクターは三つのカテゴリーに分けられる。つまり、第一次、第二次、第三次である。第一次セクターには、農業、林業、漁業、鉱業が含まれる。第二次セクターには建設業と製造業が、第三次セクターには残りの産業が含まれる。この分類では、第一次セクターは労働生産性が最も低く、第二次セクターは生産性が最も高い。国がこれらのセクターに対するニーズのほとんどを、自国の生産で満たしている場合、その経済は多様化している。これは多様化の理想的なケースである。

しかし、原料が不足している国もある。日本、リトルタイガー、ドイツなどがこの部類に入る。また肥沃な土地がほとんどない国もある。サウジアラビア、クウェート、アラブ首長国連邦などがそうである。そのような国々は、十分な第一次セクターがもてない。この場合、多様化経済とは、主に一次産品に対するニーズを満たすために、商品やサービスを輸出する経済、と定義できる。

それとは対照的に、特定のセクターに偏り、外国の市場への輸出入に過度に依存する場合、その国の経済は不均衡である。それは卵のほとんどを一つのカゴに入れるようなもので、最近通貨投機家によって引き起こされたような、外部からの衝撃に対しては脆弱である。またプラウトの定義する不景気や不況に陥りやすくなる。つまり、労働生産性が上昇しても、実質賃金が不変、あるいは減少する、ということである。プラウトはバランスのとれた経済のほうが好ましいと見なしている。なぜなら、アメリカ、日本、カナダ、オーストラリアの戦後史を見れば、これらの国々が多様化していたとき、賃金および生産性の伸びはより高く、逆に特殊化の度合が進むと、成長がゆっくりと低下していった、ということがわかるからだ。アジアのタイガーが少数の主要セクターに重点を置き、特殊化の進路をたどることによって、急速に発展したことは確かだが、彼らの高成長率は、アジアへも大量に投資していた多様化経済国への輸出に大いに依存していた。過去二世紀間の経済史をみても、経済の多様化の方が、輸出を目当てにした極性化よりもずっと優れていることがわかる。

種々の生産セクターのうち、製造業、鉱業、建設業が最も生産性が高く、農業とサービスは通常、生産性が最も低い。住宅産業は生産価値(これは生産性と同じこと)が高い。どの経済でも住宅の価格は高い傾向があるからである。特に土地が少ないところではそうである。同じように、製造業も、生産価値が大きい傾向がある。鉱業では、日本のように原料が少ない国では生産性が高く、インドのように工業化が進んでおらず、原料が比較的豊富な国では低い。また、生産性は技術の向上のみでなく、生産価格にもよることも付け加えておこう。このため自動車や備品などのように高価なものは、生産性が高いのである。

農業やサービスでは、生産価値が小さい傾向がある。これは食料需要などは肉体的ニーズによって制限されるからだ。所得が増えたからといって、ずっと多くの米や魚を食べられるわけではない。しかし製造業についてはそのような制限はない。金持ちになったら、より高価な自動車、コンピュータなどに買い換えることができる。

サービス業でも、生産価値は低い傾向がある。なぜなら、サービス産業では技術を絶え間なく向上させるのは難しいからだ。レストラン、ホテル、航空会社、バス、鉄道、保険会社、銀行、教育、法律上のニーズ、小売業などで、生産性を向上させる余地はむしろ限られている。比較的生産性が低いため、これらの分野の生産価値は、生産性および生産性伸び率がずっと高い傾向をもつ建設業や製造業より遅れている。要約すると、建設業と製造業が生産価値が最も高く、サービスと農業が最も低く、鉱業はその中間である。

多様化された経済とは、様々な産業がバランスよく混ざった経済である。一方、極性化・特殊化された経済とは、いくつかの特定のセクターだけに偏り、他のセクターがほとんどない経済という。前述の各産業の中で、建設業は基本的に非貿易産業である。つまり、セメント、煉瓦、木材、プレハブの壁、構造などの建設用資材は輸入することができるにしても、完成された住宅を輸出入するのは大変難しい、ということである。もちろん、国は他の四つのセクター(製造業、鉱業、サービス、農業)で特殊化あるいは多様化することができる。一九七〇年まで、ほとんどの国は多様化経済だったが、その後、だんだんと特殊化が始まった。カナダとオーストラリアは鉱業と農業、アメリカが農業とサービス、日本は製造業で、特殊化した。このように日本は生産性の高いセクターで特殊化し、アメリカ、カナダ、オーストラリアは生産価値の低い産業に集中した。案の定、日本が他の先進経済より速く成長し続けた。実質賃金は、オーストラリアとアメリカでは一九七三年から下がり始めた。日本では税引前の賃金は少し上がり、税引後は不変だった。

言い換えれば、偏った産業は、たとえそれが価格の高い製品セクターに集中したとしても、労働者に害を与えるということだ。一九七〇年代の初期から生産性が向上し続けているにも係わらず、日本ですら、税引き後の賃金は上がっていない。一方、北米やオーストラリアでは、生産性が向上しているのに、実質賃金が減っている。輸出セクターへの特殊化を好んだタイガー経済では、成長は速かったものの、賃金は非常にゆっくりと上がった。これはプラウトの理想とする発展形態ではない。

多様化を支持するもう一つの要因は、世界中が製造業をめぐって競合しているということである。製造業は農業やサービスより生産価値が高い傾向にあるため、すべての国々は製造業で利益を得ようとする。だからこそアメリカは日本に、質が劣っていようとアメリカ車の輸入を要求するのだ。今やすべての国が製造業を特殊化することは不可能である。世界には、すべての国の余剰工業品生産を支えるほどの需要がないからだ。自動車産業がその例である。日本では自動車の生産能力は、年一千二百万台である。アメリカでは、二千万台である。しかし、アメリカと日本の自動車需要は、合わせて二千二百万台しかない。この二つの国で一千万台分の余剰生産能力があることになる。これが現在、両国で賃金が停滞している理由の一つである。また、これは資本の大きな無駄遣いであり、それはどこか他の所で、効率的に利用できたかもしれない。

世界から貧困をなくすために、どの国も、可能であれば、生産性が高く、高い賃金を支払う何らかの工業品を生産する必要がある。そして、賃金の高いセクターをもつことによって、高品質の住宅やサービスへの需要も増してくるのが一般的である。このように、活気のある製造業が、活気のある他の産業を生み出すためには欠かせないのである。充分な製造業がないと、経済は停滞する傾向がある。製造業が少ないことは、賃金の高いセクターが小さいということを意味するからだ。それによって、住宅やサービスへの需要も低下する傾向がある。そうなると、経済全般にわたって実質賃金が低下する。したがって、どの国も、国内のニーズを満たすために、できる限り多くの工業生産を行うことが必要である。たとえ生産性や品質が他の国々ほど高くなくても、こうする必要がある。なぜなら、製造業は健全な経済にとって必要不可欠だからである。

アメリカ、日本、カナダの経験を見ると、これらの国々の労働力の約二五％から三〇％が製造業で雇用されていたとき、実質賃金伸び率がその頂点に達したことがわかる。これは一九七〇年代初期までのことだった。一九七〇年代後半から一九八〇年代には、製造業における雇用の割合は、カナダとアメリカでは急激に減少し、日本では少し増えた。現在、北米大陸の製造業で雇用されているのは、労働力のたった一六％である。これは一九世紀のカナダ、アメリカの水準とほぼ同じである。北米大陸はそのダイナミズムを失い、労働搾取の主要拠点となった。そこでは、一部のサービス労働者の実質賃金は、第一次世界大戦前に一般的だった賃金以下になっている。こうして一九七〇年代の初期以来、アメリカやカナダの産業中核地域が荒廃してきたのである。製造業が縮小しすぎると、こういうことになる。

オーストラリアも残念ながら産業崩壊の道をたどっている。現在、製造業に雇用されているのは労働力人口の一八％以下である。製造業は一九七四年以来縮小しており、その年から実質賃金も下がり続けている。オーストラリアには莫大な天然資源がある。カナダやアメリカもそうである。しかし、それは実質賃金の減少を食い止めてはいない。製造業における雇用の割合が減ると、そのような影響が起きるのだ。

今日のハイテク時代の多様化経済では、約三〇％の労働力が製造業、八％から一〇％が建設業、一〇％が鉱業および農業、そして残りの五〇％以上がサービス業に雇用されている。これらはもちろん概算であり、経済によって多少変動があるかもしれない。日本には鉱業がなく、原料のほとんどを海外から輸入している。したがって、前にも述べたように、大きな鉱業セクターは、多様化され、かつバランスのとれた経済に不可欠ではない。しかし、かつてのカナダ、オーストラリア、アメリカのように、それがあれば、国の生活水準を引き上げるのに役立つ。ドイツも鉱業部門は小さいが、経済が多様化している国である。

需要と供給の健全なバランス

経済的多様化は、バランスのとれた経済の一つの特徴にすぎない。もう一つの特徴は、ほとんどの産業において、国内の需要と供給が均等で、価格が手ごろであることである。同じように、国のレベルでも、需要と供給が近接している状態である。なぜなら、市場の法則こそが重要であるからだ。国が長い間市場の原理を抑制することはできない。ソ連はそれを試みたが、それは明らかに経済に悲惨な影響を与えた。

ある経済は多くの市場によって構成されている。その中には、自動車、エレクトロニクス、家具、電気製品などのような商品の市場のみでなく、労働力、土地、資本、原料、融資あるいは貨幣といった資源の市場もある。さらに、株式、証券、先物、オプションなどの市場もある。このように今日では、種々の市場が存在している。

国際貿易があまり重要な役割を果たさない多様化経済では、ほとんどの商品に対する国内需要と供給は近接していて、価格が手ごろでなければならない。ここでは価格が手ごろであることがポイントとなる。なぜなら、理論的には、途方もなく高い価格でも、どのような市場もバランスがとれる可能性があるからだ。その上、需要と供給は常に、取引される商品の絶対量に等しいように見えてしまう。例えば、一〇〇件の住宅が売れれば、需要と供給は一〇〇でバランスがとれていることになる。この意味では、需要と供給は、その定義により、取引される量によって均等かどうかが決まる。

では、どんな場合、需要と供給が異なりえるのだろうか。確かに、適切な価格では需給も均等だが、他のすべての価格では不均等になる。ソニーがテレビの価格を大きく引き下げて、生産高を増やさなかったとしよう。低価格のソニーテレビに対する需要は増えるが、十分な供給がない。この場合、需要が低価格の供給を上回っている。このように、需給アンバランスは常に特定の価格と関連している。バランスがとれる価格が手ごろなものである場合、市場で需要と供給が釣り合っているという。しかしそうでない場合は、釣り合っているとはいわない。

一九八〇年代の日本の土地市場を例にとろう。その頃、土地需要は土地供給をはるかに上回っていた。その結果、土地需要は、信じられないほど高価格の土地供給に等しかった。

明らかに、当時の土地市場は不均衡であった。なぜなら、その結果としての市場価格が通常価格からずっとかけ離れていたからである。株価の日経指数が、一九八九年末に三八〇〇〇以上に上がった時の株式市場についても同じことがいえた。株式に対する需要はその供給をはるかに上回り、そのため株価が上昇し続けたのである。この価格は高すぎて一般庶民には手が届かなかった。そのときの株式市場は明らかに不均衡だった。したがって、バランスのとれた経済においては、種々の商品の需給は、最近の平均に近い価格で釣り合っている。もし供給と需要が一致する市場価格が、最近の平均よりはるかに高い場合、その市場は不均衡である。ヨーロッパおよびアメリカの証券取引所は今日明らかに不均衡である。

同様に、市場価格が、最近の平均よりずっと低すぎてもいけない。労働市場を例にとろう。この場合、労働力に対する需要は企業から、供給は家庭および労働者から発生する。この市場における価格は実質賃金、すなわち、インフレ修正したボーナスを含む給与である。この経済に失業がある場合、労働需要は一般的実質賃金での労働供給より少ない、ということである。実質賃金が下がると、雇用主がより多くの労働者を雇いたがり、かつ雇うことができるので、労働需要は増える。同時に、低い賃金に意気をそがれ、雇用市場からドロップアウトする人もいるだろう。実質賃金が減り続けると、労働供給は上昇する労働需要のレベルまで落ちる。そして失業がなくなる。すると、この市場はバランスがとれたことになるだろうか。必ずしもそうではない。

　実質賃金が最近の平均賃金以下に急落する場合、労働の需給が等しくなるが、それは単に、働く気を失って労働力から離脱する労働者が多いためである。そして生産性の上昇にもかかわらず実質賃金が下がる場合、明らかにこの市場は不均衡である。なぜなら、ある人の生産性が高くなったら、その人はより多くの賃金を稼ぐのが常識だからである。その人の賃金が減る場合は、明らかに何かが間違っている。経済の法則はすべて常識に合致しなければならない。

　商品には貿易品と非貿易品の二種類がある。通常、物理的に動かせない商品およびサービスは、外国貿易には参入することができない。土地、住宅、教育などは非貿易品である。他のほとんどの商品は輸出あるいは輸入することができる。それらは貿易品およびサービスと呼ばれる。非貿易品については、国内の需給が手ごろな価格(すなわち最近の平均価格に近接した価格)で等しい場合、市場の均衡が起こる。それとは対照的に、貿易品については、国内需要は、世界市場で決定される価格での国内供給とは異なる。輸出品については、国内供給が現地需要を上回り、その余剰が輸出される。輸入品については、現地供給が現地需要を下回り、その需要の多い部分が輸入によって満たされる。

日本では原料の現地供給が現地需要をずっと下回る。したがって、その差が海外から輸入される。その一方で、自動車の国内需要は生産高を下回る。そこで、余剰の自動車が輸出される。しかし、バランスのとれた経済では、国全体のレベルで、すべての商品およびサービスに対する需要と供給は、等しい。貿易をせず、完全に自給自足的な経済では、国民需要と供給は常に等しい。貿易が存在する場合、一部の産業については、国内需要と供給の間に差がある。しかし、その場合でも、バランスのとれた経済では、国民需要と供給は等しい。

国民需要とは、消費者、企業、政府による商品およびサービスへの総支出のことである。一方、国民供給とは、まとめていえばGDPのことである。したがって、経済的均衡のためには、GDPは国民需要あるいは国民支出に等しくなければならない。支出と生産が国のレベルで等しいとき、その国の貿易は均衡している、すなわち、その国の輸出が輸入よりも多くもなければ少なくもない。このように、バランスのとれた経済は貿易もバランスがとれている。つまり、経常収支における貿易赤字も貿易黒字もない、ということだ。実際には輸出と輸入がちょうど等しいことはほとんどありえない。その場合、バランスのとれた貿易とは、輸出と輸入が近接しており、貿易赤字あるいは黒字が小さい、ということである。

他の特徴——環境保全と金融規制

経済発展が起こるとき、その過程で環境が被害を受けてはならない。もしそうなら、サカーの定義では、経済成長は進歩的なものではない。なぜなら、成長面でのポジティブな動きに、環境の質におけるネガティブな動きがともなっているからだ。バランスのとれた経済はまた、バランスのとれた環境を維持する。汚染された大気の弊害に苦しみながら、現代の利器の快適さを享受することに何の意味があるだろうか。息もできず、水も飲めないほど大気や水が汚染されていたら、生産の向上のみを指して成長しているとはいえない。

バランスのとれた経済のもう一つの特徴をあげるとすれば、金融機関、特に銀行が厳しく規制され、資産市場における投機が制限されていることである。同様に、株式市場は企業投資のための手段を提供するのみであって、ギャンブルのための手段を提供するのみではない。つまり、バランスのとれた経済は、オプション、株式インデックス、先物などの取引を許さない。

戦後、世界は巨大なカジノと化してしまった

アメリカも日本も、一九五〇年から一九七〇年までは何とか経済のバランスがとれていた。しかし、その後、両国の経済は不均衡になってきている。最初の時期には、両国とも貿易も予算もバランスがとれていた。特にアメリカでは、外国貿易は他のセクターに比べて小さかった。銀行は住宅取得のために金利を安く保つよう厳しく規制されていた。株式市場も無謀な投機が起こらないよう抑制されていた。

こういった状況のなかで、両国とも、大多数の労働者にとって、生産性に比例して実質賃金が上がり、生活水準の急速な向上を享受した。しかし、一九七〇年代初期、大企業経営者たちに雇われたエコノミストや政治家の影響により、経済政策が変わった。次第に、予算が赤字になり、貿易が不均衡になった。国際収支において、日本は黒字が増えはじめ、アメリカは赤字が増えはじめた。さらに、銀行その他の金融機関の規制が緩和された。

次の時期に政策が変わると、投機が増大した。実質賃金は日本では停滞し、アメリカでは下がった。一方、企業収益および経営者の所得は上昇した。賃金が停滞したため、家族が共稼ぎする必要が生じ、快適な生活のために夫婦がともに働いた。その結果、子供たちの世話がおろそかになり、親たちは子供たちに道徳的価値を教える時間がほとんどなくなった。社会的退廃が起こらざるを得なかった。

アメリカでは、税負担が富裕者層から他の層へ移った。こうして税引き後の実質賃金はさらに減り、金持ちはさらに金持ちになった。つまり、経済のバランスがとれているとき、誰もが幸福であった。しかし、貿易の増大、金融の規制緩和や投機によって、経済が不均衡になると、生産性は向上し続けたにもかかわらず、アメリカでも日本でも、大多数の人々にとって生活水準が下がり、あるいは停滞した。一九九七年末には、両国とも巨大なカジノと化していた。そこではギャンブラーたちが、幻のような一獲千金のために金を無駄遣いしている。実際、一九九七年来、世界全体が巨大なカジノと化していたのだ。

真の経済改革——こうすれば生き残れる

世界の経済を安定させ、繁栄を復活させるために、すべての国がプラウト主義的政策を採用し、バランスのとれた経済を作るべきである。特に以下の措置が緊急に必要である。

一・住宅税控除

日本および一部のタイガー経済の主要な問題は、需要が十分にないことで、そのため生産の一部を外国へ送り出さなければならず、その貿易相手国は莫大な貿易赤字を抱えることになった。現在、貿易不均衡はヨーロッパとアメリカを動揺させている。アジアにおける国内需要の増大は、世界の問題の多くを解決する。需要を刺激する最善の方法の一つは、住宅産業を促進することである。人々は新しい家を買うと、冷蔵庫、洗濯機、乾燥機、家具、カーペット、掃除機、絵画、アンティークなども一緒に買うからである。したがって、新しい家やアパートは、一般の人々にとって魅力的で手ごろなものにしなければならない。アメリカ政府は、これまで不景気に対処するため住宅税控除を提供し、非常に成功してきた。アメリカにおける消費が高いのは、主に、手ごろな住宅が入手可能だからである。日本の住宅金融公庫によると、住宅所有者は家を購入した最初の年に、平均的労働者の五倍ものお金を備品に費やすのだそうだ。日本では住宅価格は下がり続けているが、まだほとんどの人々にとっては高すぎる。特に経済に対する信頼がないため家を買わない。

一九九八年から二〇〇〇年までの三年間、政府が新築住宅（中古ではなく）の購入に対して一〇％の所得税控除を提供するとしよう。新築家屋のコストが五千万円だとしよう。その一〇％は五百万円である。新築家屋所有者は所得税からそれだけの税金を節約することができる。年末に、新築家屋の購入者は領収書を政府に示し、税金の払戻を請求することができる。すべてのタイガー経済も、住宅需要を刺激するために、この政策を採用するべきである。土地が少ない日本と韓国では、政府は面積の広い高層アパートを建てて、一般向けに売り出すべきだ。香港とシンガポールはこれを行い、非常に成功しているのだから、他のアジア諸国もこの例に習うべきである。

二、住宅コストの削減

マイナス資産価値、すなわち過去に支払った住宅ローンが家の現在の市場価値を上回ってしまった住宅所有者のために、政府は長期低金利ローンへの借り換えをオファーするべきである。これによって月々の住宅ローンの支払いがずいぶん減るだろう。タイ、インドネシア、韓国、香港、日本はこの問題に直面している。現在の暴落で、不動産価格が落ちているからである。

不動産の供給面については、住宅用の土地の供給を増大し、その価格を引き下げるために、全面的な努力がなされるべきである。一九九〇年以来、日本では土地の価格が急激に下がっているが、土地価格指数は一九五〇年の五五から一九九一年の二一〇〇〇に上がっている。この指数が一〇〇〇〇、あるいは、たとえ五〇〇〇まで下がったとしても、土地価格はまだ非常に高い。住宅建設用土地の売却を阻んでいる、すべての規制と資本利得税は除去されるべきである。同時に、政府は資本予算を、開発による居住可能地域の供給増大のために割り当てるべきである。丘を爆破したり、沖合いの島を作ればよい。関西国際空港が建設された一、二〇〇ヘクタールの土地のように。未来の産業は人工島の上に作ればいい。

日本の人口のほとんどは、東京、大阪、名古屋、京都に集中している。大都市における密集を緩和し、土地価格を引き下げるために、企業には産業を移転させるインセンティブ

として、租税誘因を与えるべきだ。北の北海道と南の九州は人口が少ない。産業が現在の密集した都市から移動するよう租税誘因を与えるべきだ。これによっても土地の平均価格が下がる。

三、厳格な銀行規制

どの国でも銀行業界は厳しく規制されるべきである。一九二〇年代の教訓を忘れてはいけない。当時、金融セクターの規制緩和により投機バブルが起こり、それがはじけて、世界は破滅的な恐慌へと突き落とされた。一九三〇年代に銀行や株式市場に対する規制が導入されたが、一九七〇年以降徐々に取り払われた。一九三〇年代の規制を再び採用するべきである。

今、日本では規制緩和熱が高まっている。専門家の中には、経済の色々なセクターが規制緩和されれば、すべてはうまく行くと信じている人がいる。輸入が増え、消費者価格が下がり、経済が効率的になり、生産性が向上し、消費者は喜ぶだろう、と。これは過去二〇年間、エコノミストがアメリカ人に与えてきた希望と同じ種類の希望である。たしかにそのとおり、輸入は増え、インフレは下がり、コンピュータ利用の増大により、人々はより効率的になり、生産性が急激に上昇した。これらはすべて、自由貿易主義者が望んだ通りだ。ただ、彼らの議論の一部だけが実現していない。つまり消費者が全く満足していないのだ。物価はゆっくりと上昇しているが、給与はほとんど上がっていない。消費者が不満なのは、生産性の向上にもかかわらず、彼らの税引き前および税引き後の実質賃金が大きく減少しているからである。

金融セクターではなく、産業の規制緩和は常に好ましいが、長い目でみなければ、その利益は現われない。多くの国は今すぐに助けを必要としている。短期的政策が必要だ。世界で最も有名なエコノミスト、ジョン・メイナード・ケインズはかつてこう言った。「長い目でみれば、私たちはみな死んでいる」と。人はまず労働者であり、次に消費者なのだ。不幸な被雇用者は幸福な消費者にはなりえない。自由貿易主義者はこれがわかっていない。また、大多数の人々にとって、国内製造業の縮小が実質賃金の縮少を引き起こすことにも気づいていない。

日本でも、すべての産業における国内競争を強めるために、規制緩和を導入するべきだが、工業品輸入を促進する必要はない。さらに、すでに述べたように、金融セクターは絶対に規制緩和するべきではない。それによって投機の波が起こり、それがのちに高い失業

率や負債といった形で、多くの痛みをもたらすからだ。私たちは、今、目の前の問題を解決するために、他の経済政策が緊急に必要であることに気づくべきである。

四．社会保障税の関税への代替

社会保障税あるいは社会保障費は、雇用と賃金の最大の破壊者の一つである。その負担は、貧困層や中小企業家の肩に重くのしかかる。それは削減、そしてもし可能なら、削除されるべきである。その結果起こる歳入の損失分は、輸入に対する新たな関税によって補えばよい。消費者はより高い代価を支払わねばならなくなるが、それと同じ分税負担も減る。したがって、この政策によって、消費者は被害も恩恵も被らない。しかし生産は需要がある場合に発生するため、国際貿易は減少するだろう。経済どうしの依存度が減り、他国の愚行によって国が被害を被ることはなくなる。

さらに、環境は大きな恩恵を受ける。国際貿易、そして石油を使った商品の輸送は、最大の公害発生源の一つである。税金および関税政策は、特に生産に影響がない場合、環境に優しくなければならない。関税が社会保障費に取って代れば、税負担および歳入の総額は変わらない。貿易のみが減り、生産地が需要中心地の近くに置かれるようになる。世界経済の総生産高には変わりはない。しかし、関税改革は長期的な措置であり、世界の需給ギャップがなくなってから、取りかかるべきである。

五．自由な外国投資

プラウトは自由な国際貿易には反対だが、自由な外国投資には賛成である。国内産業への海外資本の流入を阻む障壁は、すべて取り払い、需要が最大限にある場所で、最大限の生産が起こるようにするべきである。

六．投機の排除

あらゆる形態の投機は違法とされるべきだ。これはつまり、銀行が融資を許されるのは、消費および企業投資目的の資金だけで、株式購入、企業併合、個人使用が目的でない不動産取得のための資金を融資をすることは許されない、ということである。

七．累進課税

どの国でも、税制はできる限り累進的にするべきだ。つまり、すべての税金を考慮した場合、富者は貧者より所得のより多くの割合を払うべきだ、ということである。これによって、世界中の消費者需要は増え、したがって、需給ギャップは減る。

これらが世界経済を安定させ、その繁栄を回復させるために緊急に必要な諸改革である。ここではそれらを簡単に分析した。詳細な議論は、私の二冊の著書『アメリカの大きな偽り』と『JAPAN 繁栄への回帰』(総合法令刊)に載っている。ここに提案してきたプラウト主義改革が採用されれば、世界は黄金時代へ向かって進む。これはサーカーの社会循環法則の定めなのだ。それは記録に残る五〇〇〇年の歴史の中で、間違ったことは一度もなかった。

未来への期待

このところ、日本や他のアジア諸国からのニュースは、陰惨なものばかりである。インドネシアの森林火災にはあまり不安を感じない人でも、絶えず続く企業倒産の波には不安を抱かざるをえない。今日、私たちを元気づけるような明るい話題はほとんどない。しかし、万事休すというわけではない。偉大な経済および社会システムは、人間の精神が絶望のどん底に達したとき、初めて誕生する。最も暗い夜の後に、夜明けがやってくる。日出づる国日本は、このことをとてもよく承知しているだろう。

ますます深刻化する今日の危機は、実は私たちにとって恩恵となるだろう。なぜなら、私たちの経済政策や物質主義的な生活様式の再評価を余儀なくされるからだ。そして、人生の三つの局面（肉体的、知的、精神的）に関して、私たちが直面する問題のほとんどを解決してくれる、プラウト出現への道を開くからだ。しかし、新たなシステムを確立するための第一歩として、まず経済危機を取り除かなければならず、そのことを私は本書の中で力説してきた。エコノミストとしての私の終生唯一の目標は、世界から貧困を根絶することであり、私はその目標を達成するために、皆さんの心からのご支援を必要としている。私たちの子供たちのために、よりよい生活を共に創造しようではないか。

さあ、我が同胞たちよ。絶望してはいけない。一刻も無駄にできない。明るい未来へ前進するために手を結ぼう。そして、貪欲の傷痕深いこの世界に、新しい時代の到来を告げようではないか。皆さんは新しい普遍的哲学の先駆けとなるだろう。皆さんの運動によって世界に生気が吹き込まれ、世界から貧困や困窮が消えるだろう。この挑戦はおそろしく厖大なものであり、克服すべき障害は広大である。でも、心配することはない。立ち上が

って、共に素晴らしい未来のための歌を歌おうではないか。

目標が大きければ大きいほど、障害も大きい。
障害が大きければ大きいほど、達成も大きい。
だから、失敗は障害のせいではなく、
たゆまざる努力の欠如のせいなのだ。

第四章　付録

この付録には、本文中で論じたが、表示しなかった図の一部が収録されている。これらの図は第四章で検討した、グローバルな投機バブルの状況を視覚的に示すものである。図の中には、アメリカドルと現地通貨両方の株価データを使用したものもあるが、比較的インフレの抑制された国については、使用した基礎データは現地通貨のデータのみである。

図A1・チリの株式価格指数：1987年〜1996年

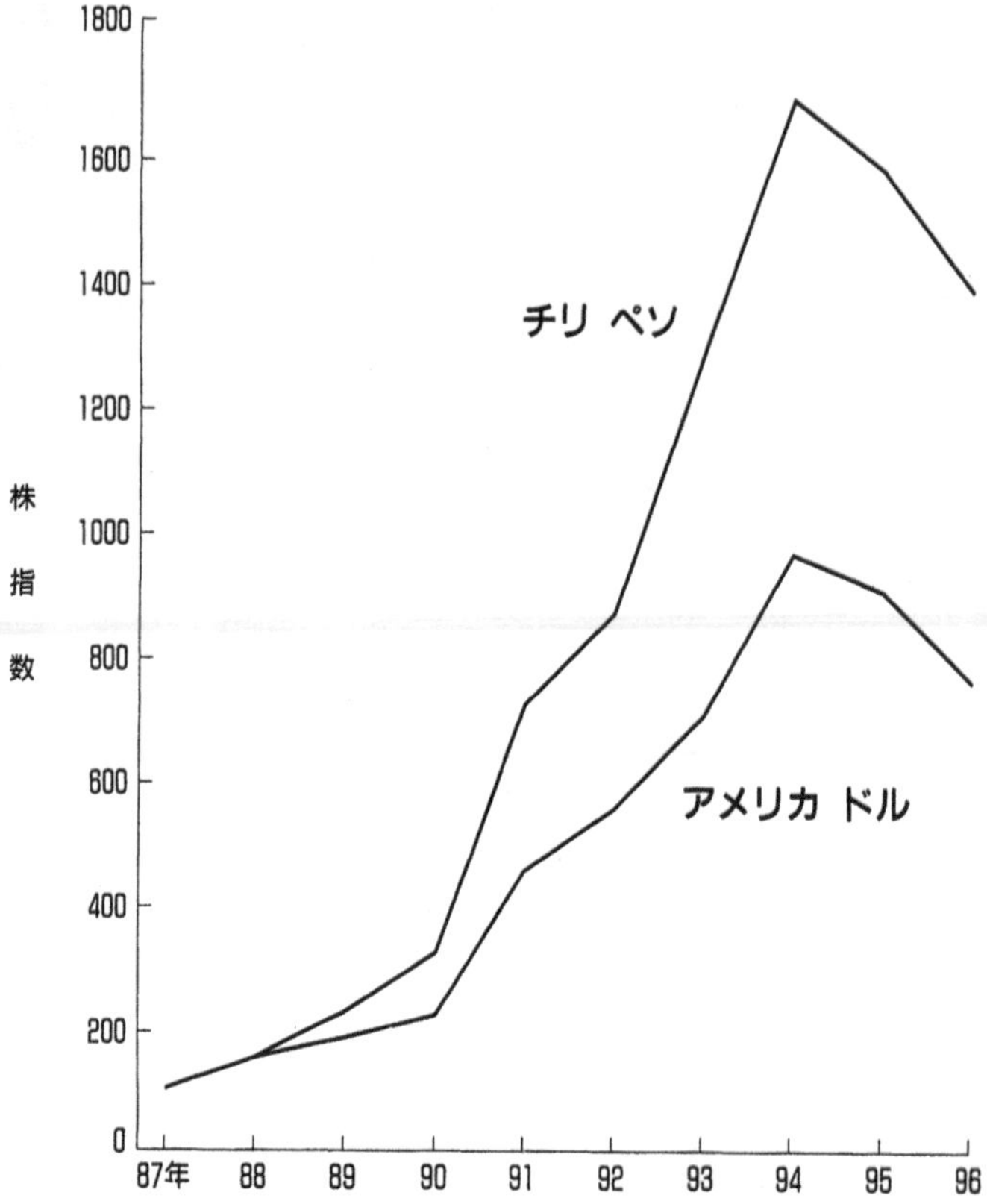

出典　『モーガン・スタンレー・キャピタル・インターナショナル』

図A2・インドの株式価格指数：1992年〜1996年

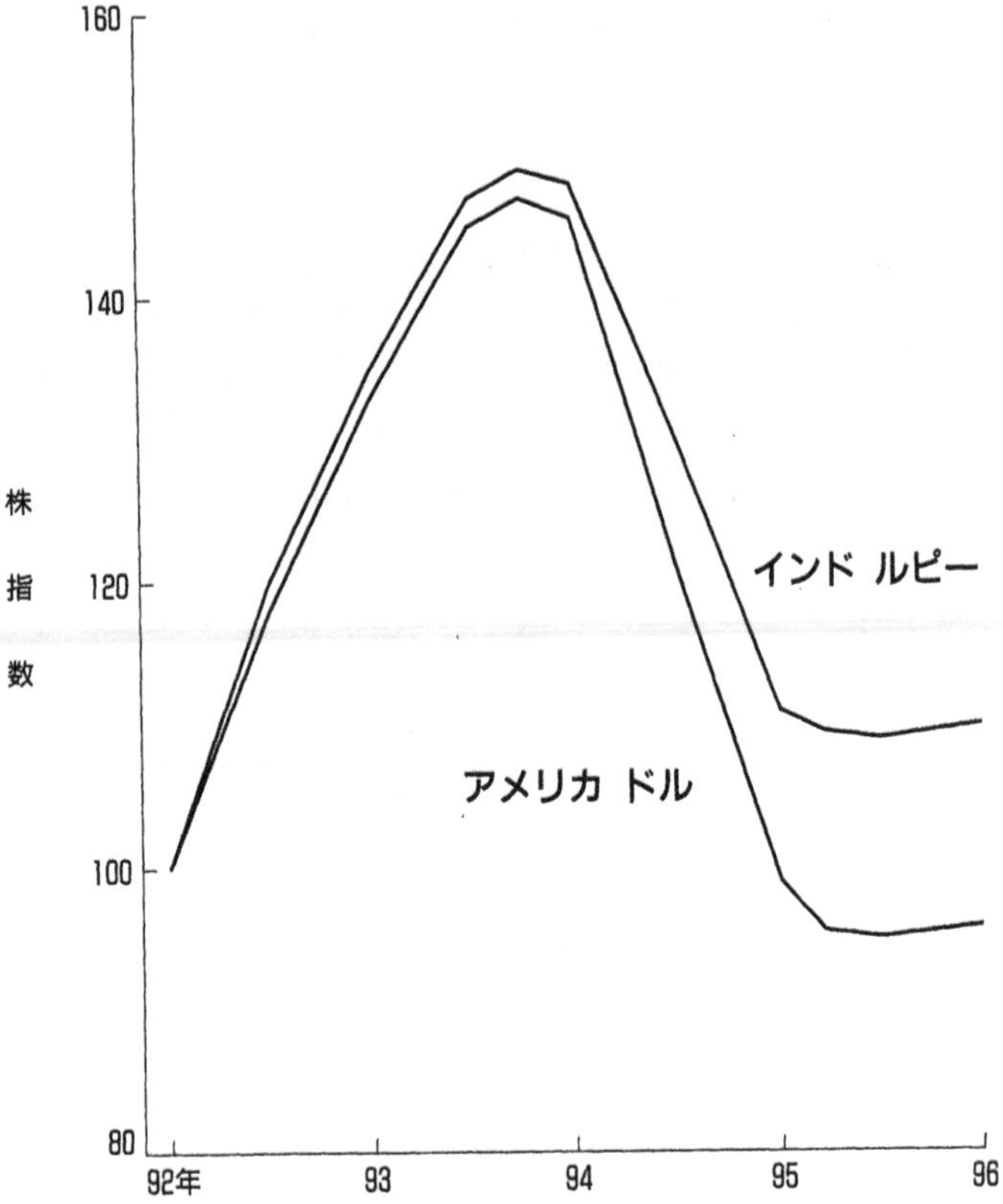

出典　『モーガン・スタンレー・キャピタル・インターナショナル』

図A3・インドネシアの株式価格指数：1987年〜1996年

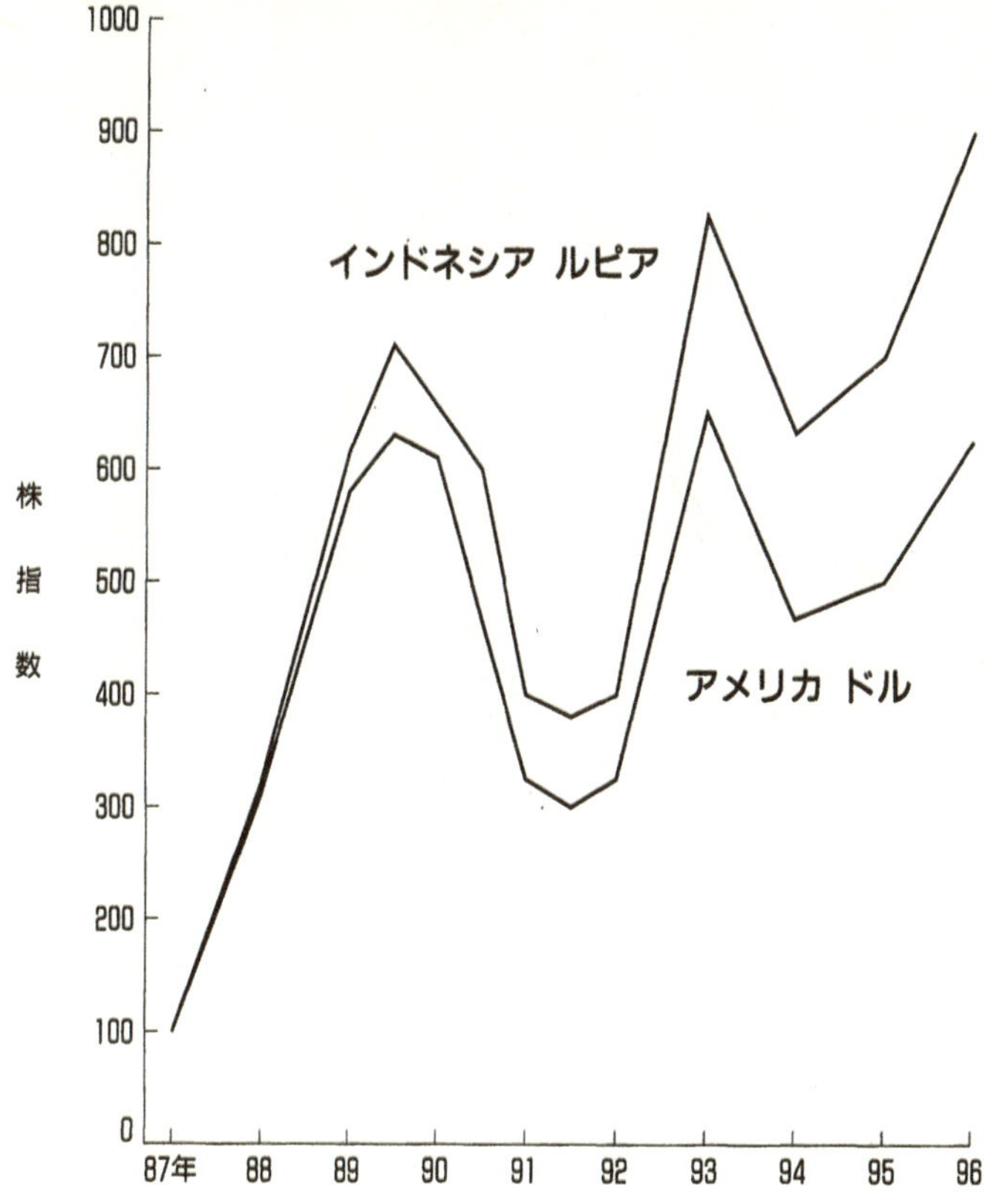

出典 「モーガン・スタンレー・キャピタル・インターナショナル」

図A4・マレーシアの株式価格指数：1987年〜1996年

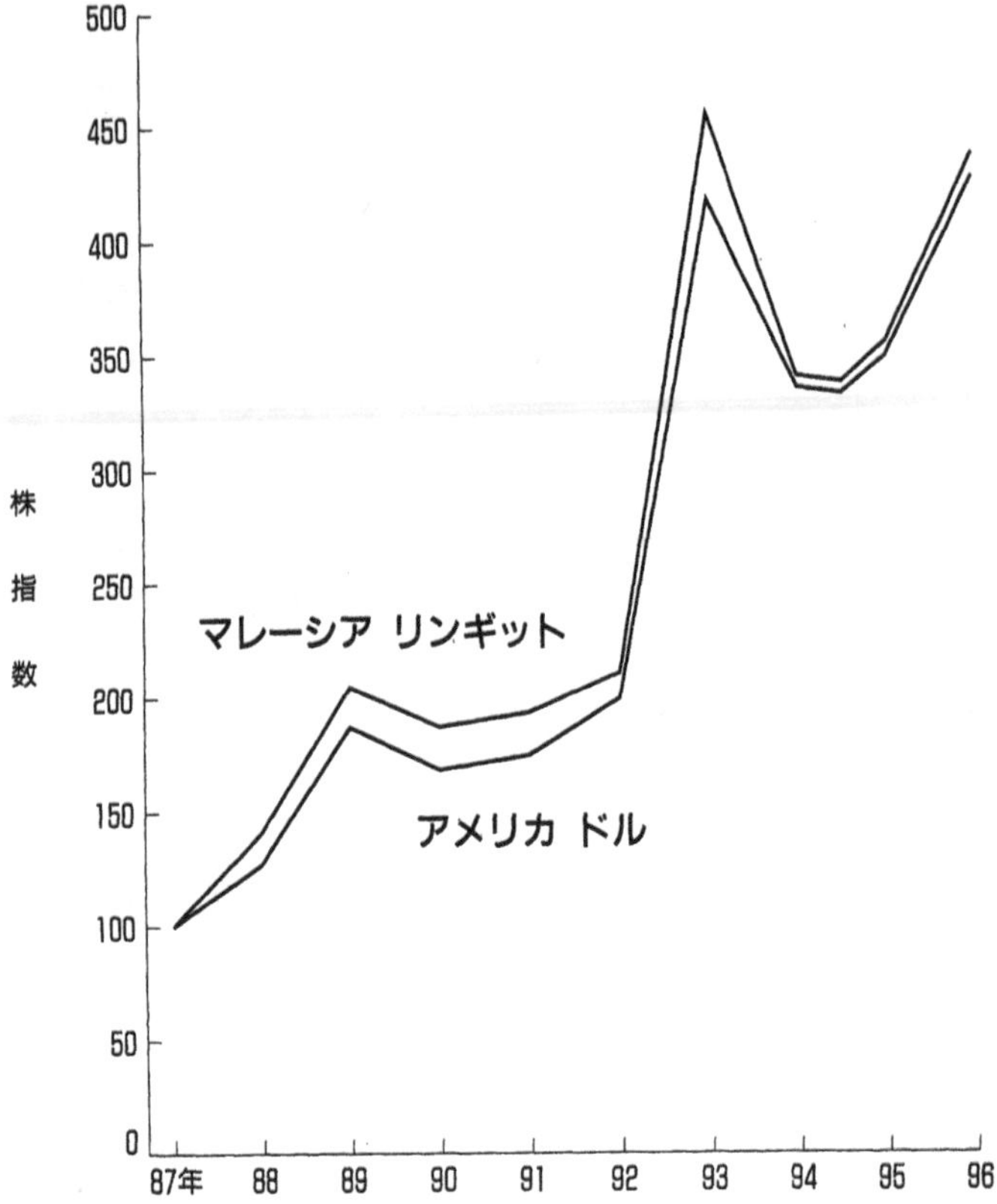

出典　『モーガン・スタンレー・キャピタル・インターナショナル』

図A5・メキシコの株式価格指数：1987年〜1996年

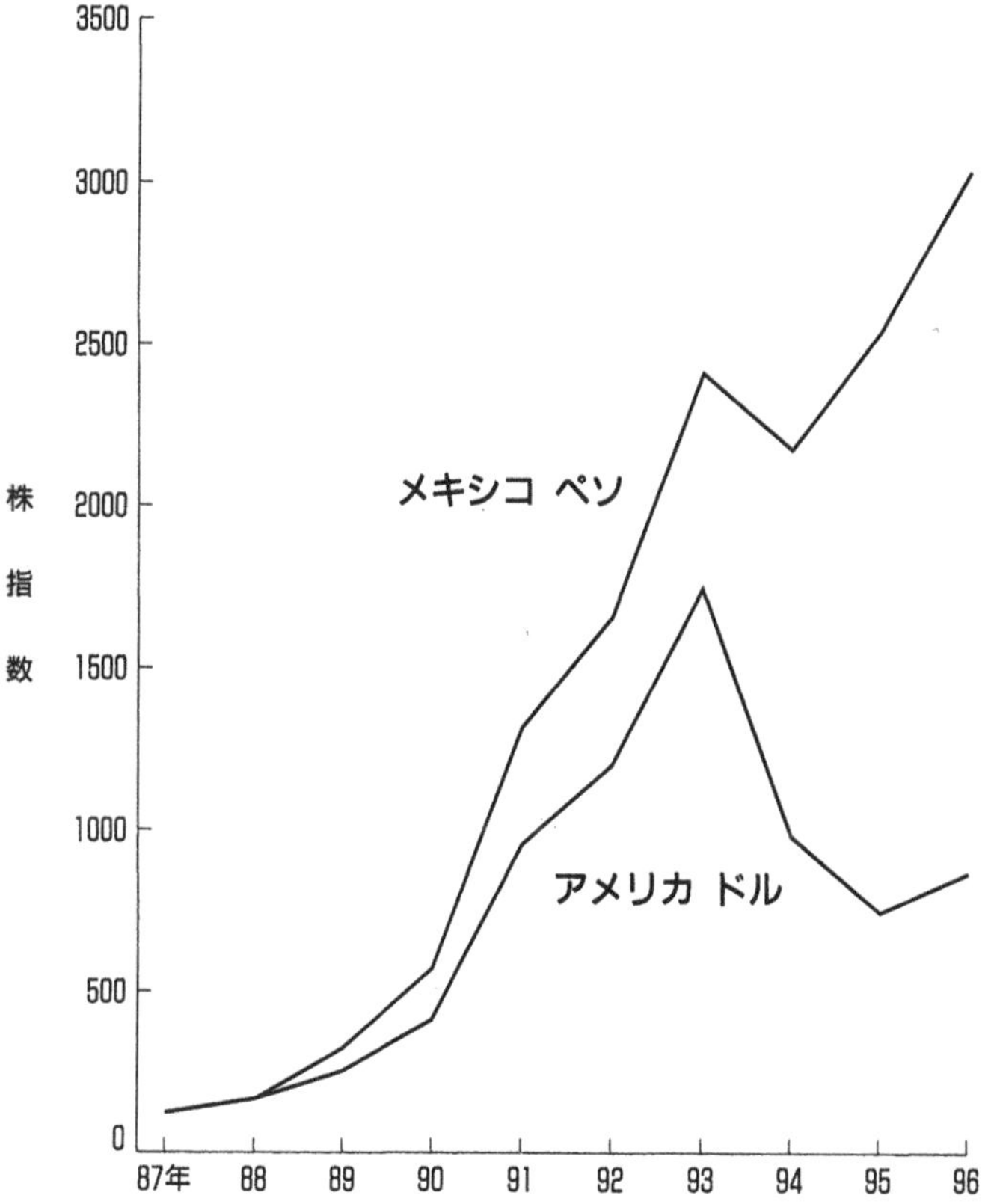

出典　『モーガン・スタンレー・キャピタル・インターナショナル』

図A6・フィリピンの株式価格指数：1987年〜1996年

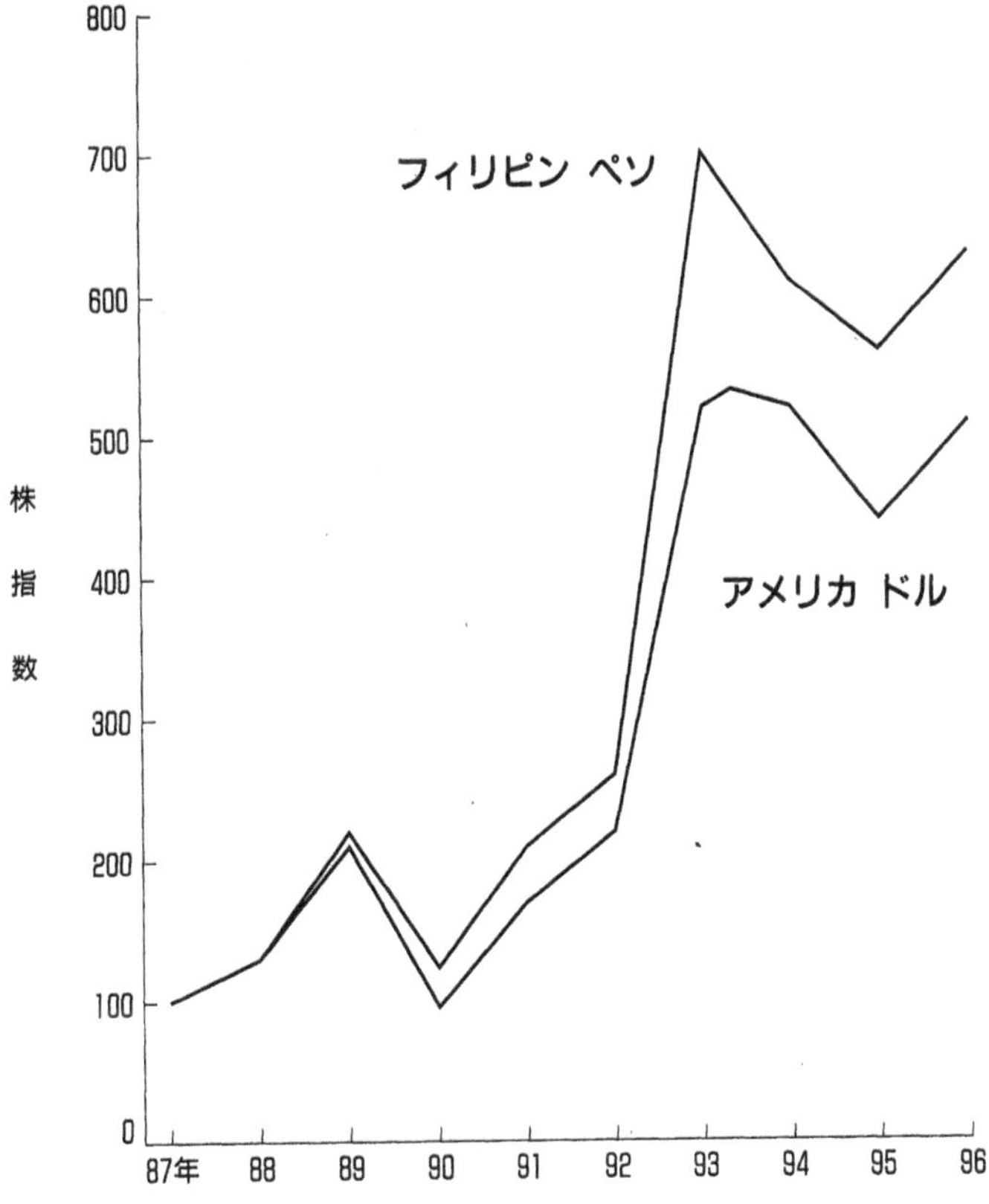

出典　「モーカン・スタンレー・キャピタル・インターナショナル」

図A7・タイの株式価格指数：1987年〜1996年

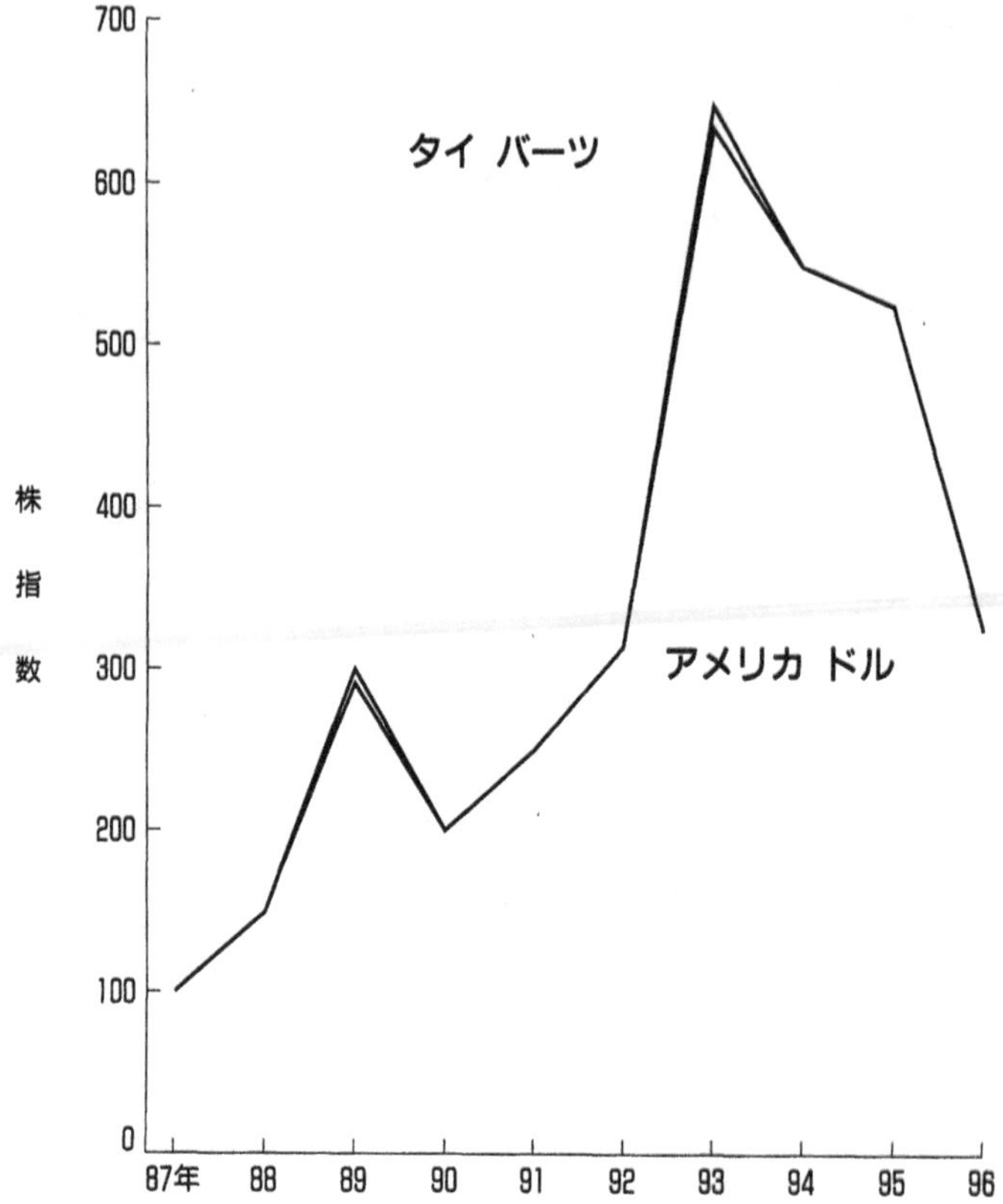

出典　『モーガン・スタンレー・キャピタル・インターナショナル』

図A8・ベネズエラの株式価格指数：1992年〜1996年

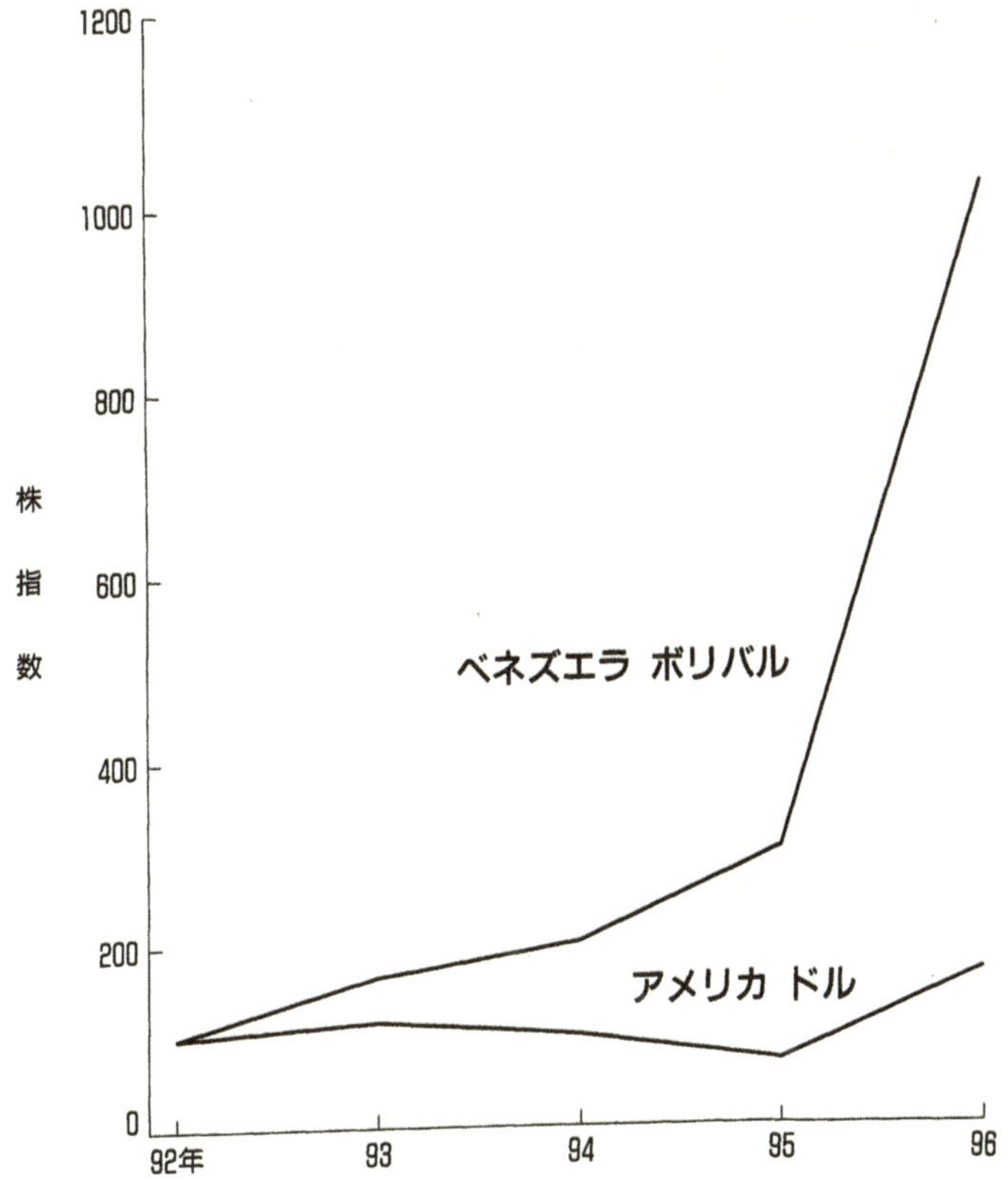

出典　『モーガン・スタンレー・キャピタル・インターナショナル』

図A9・アルゼンチンの株式価格指数：1987年〜1996年

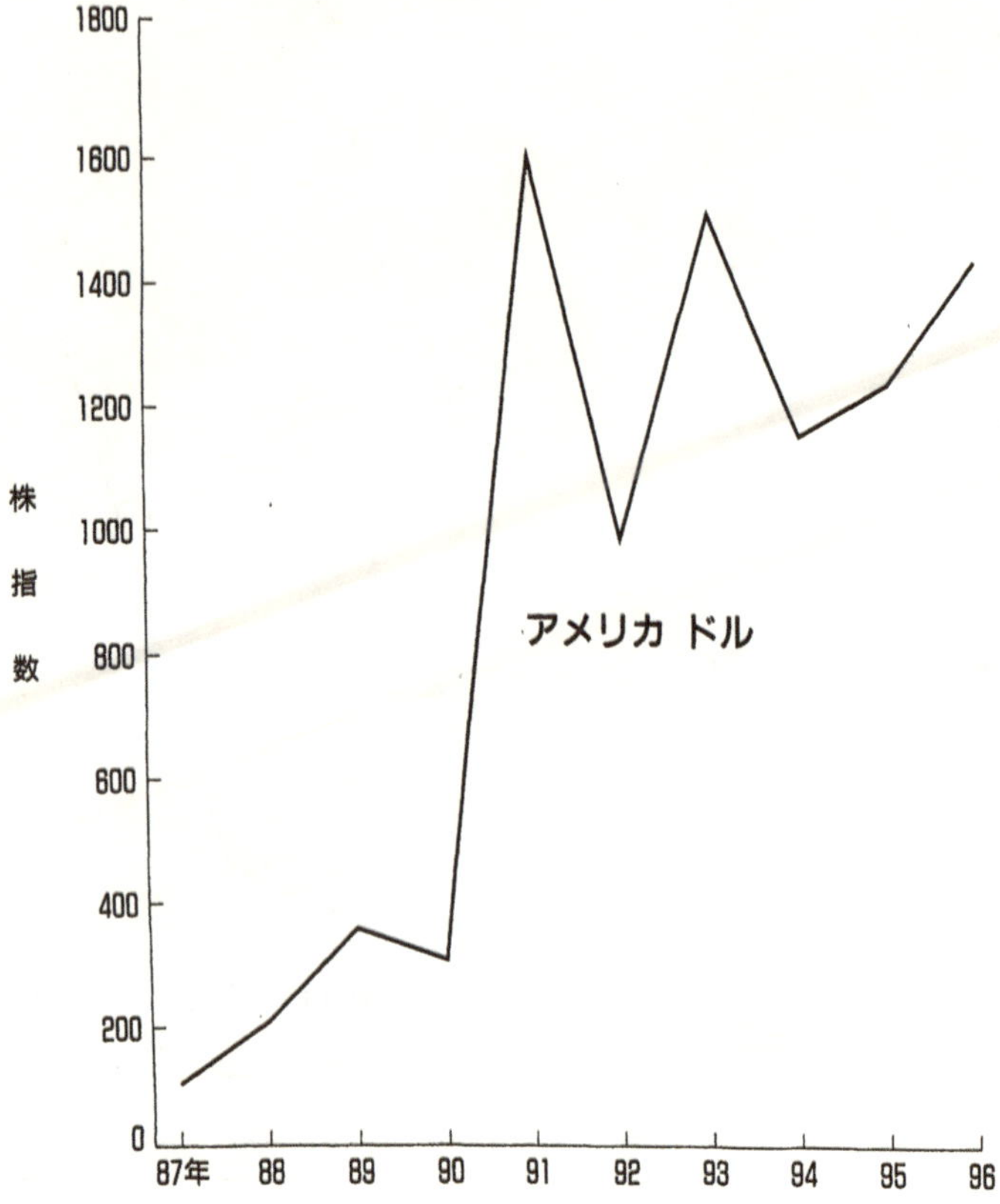

出典　「モーガン・スタンレー・キャピタル・インターナショナル」

図A10・ブラジルの株式価格指数：1987年〜1996年

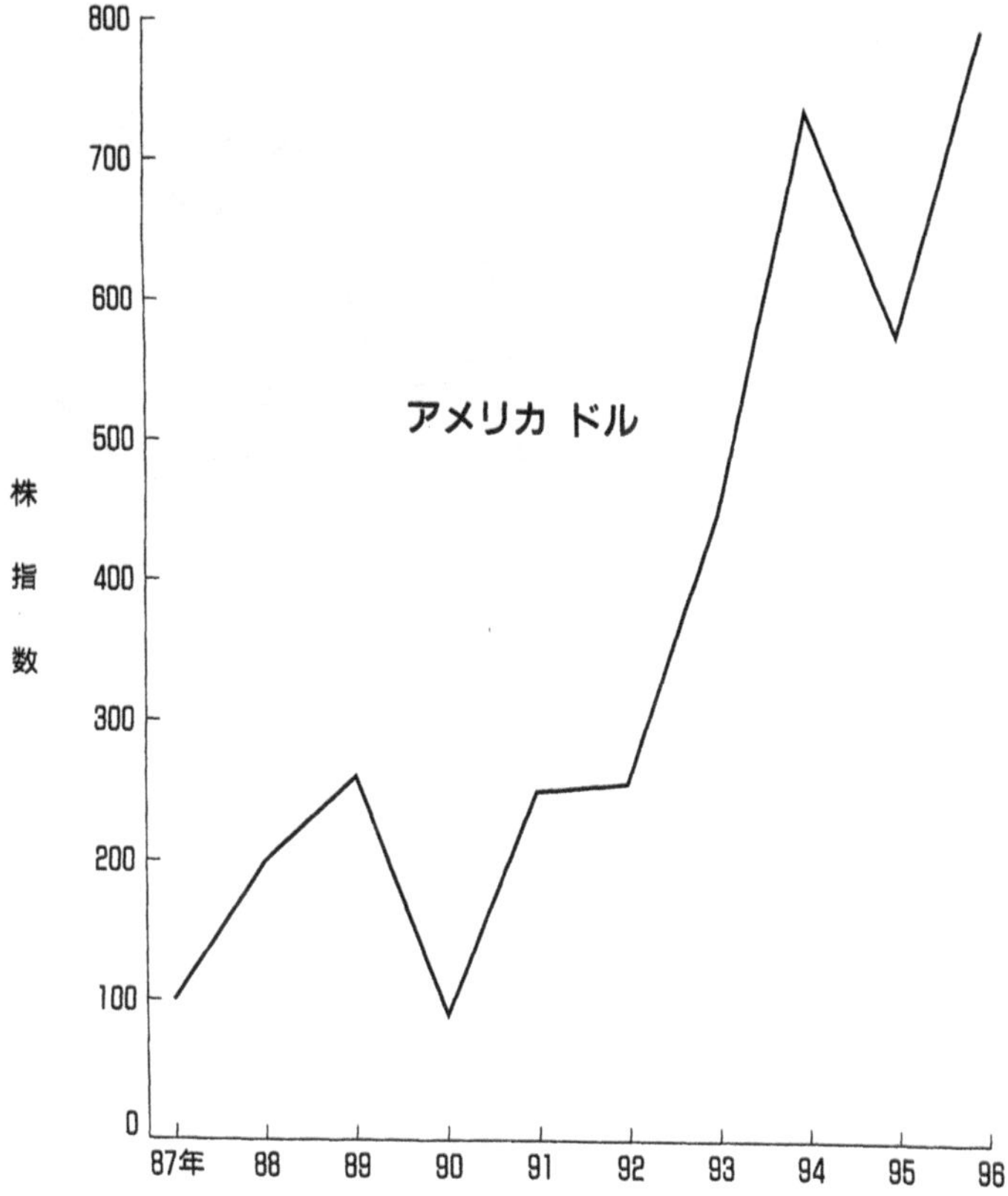

出典　『モーガン・スタンレー・キャピタル・インターナショナル』

図A11・オーストラリアの株式価格指数：1987年〜1996年

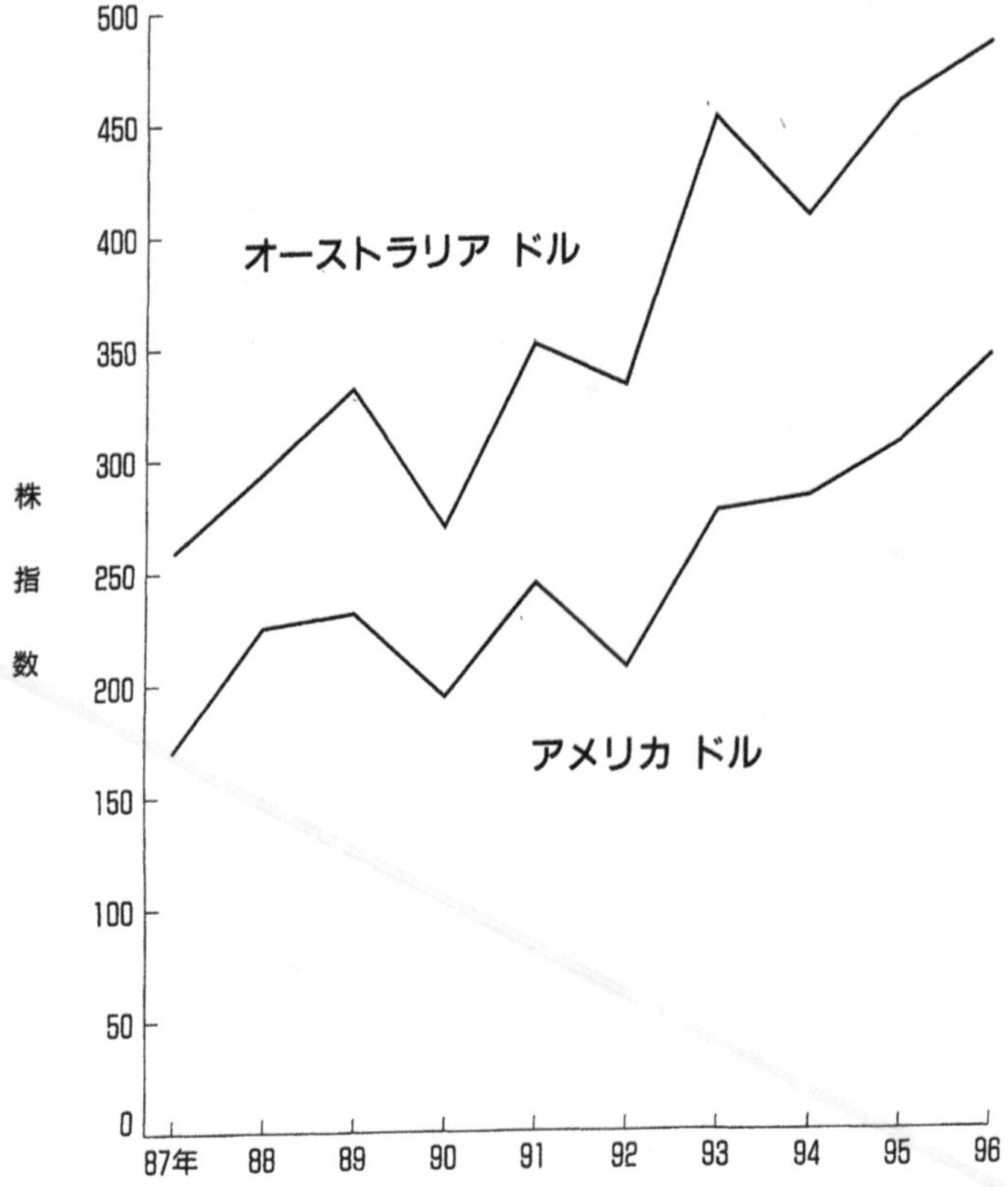

出典　『モーガン・スタンレー・キャピタル・インターナショナル』

図A12・カナダの株式価格指数：1987年～1996年

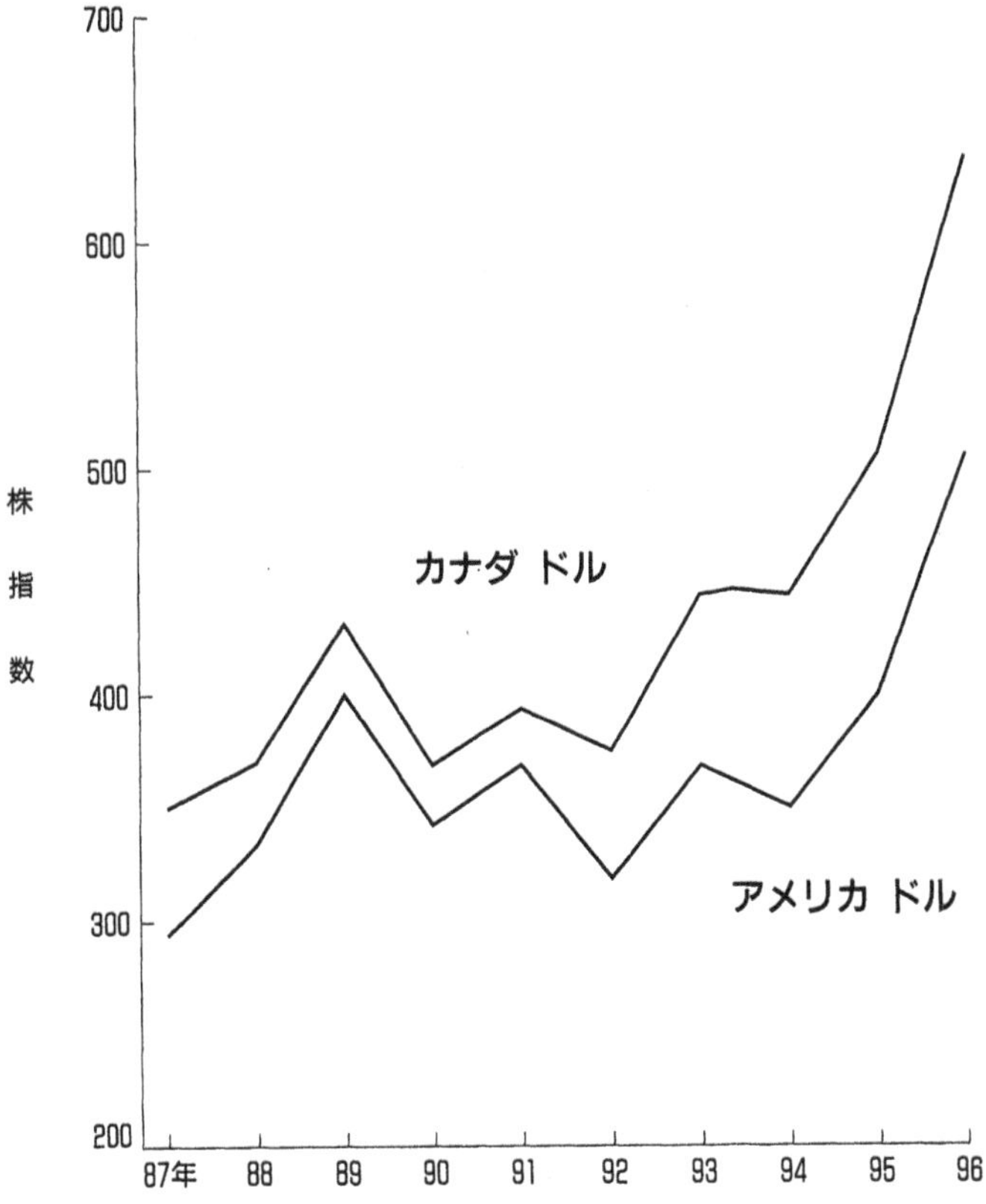

出典　『モーカン・スタンレー・キャピタル・インターナショナル』

図A13・イタリアの株式価格指数：1987年〜1996年

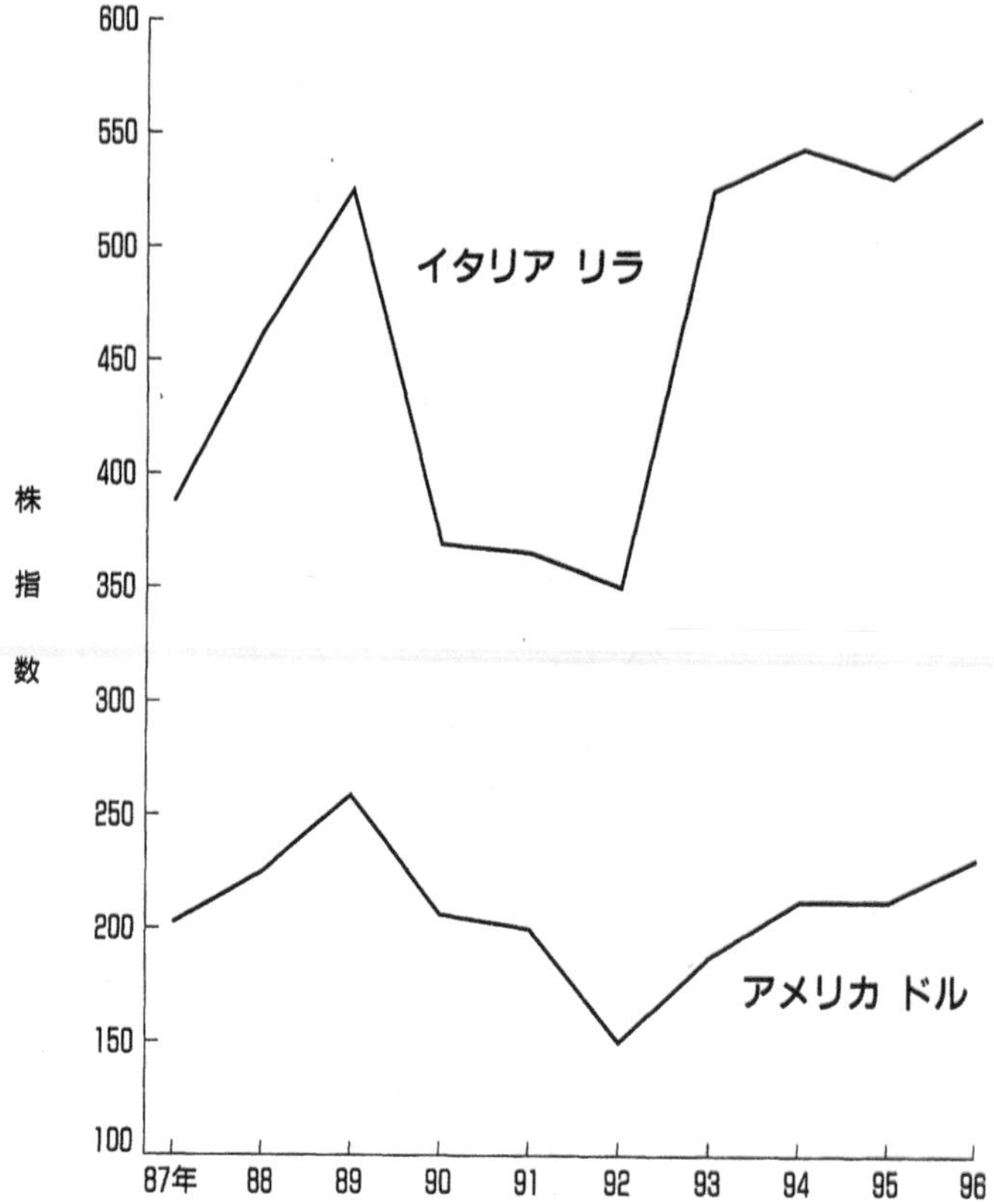

出典　「モーガン・スタンレー・キャピタル・インターナショナル」

図A14・スウェーデンの株式価格指数：1987年〜1996年

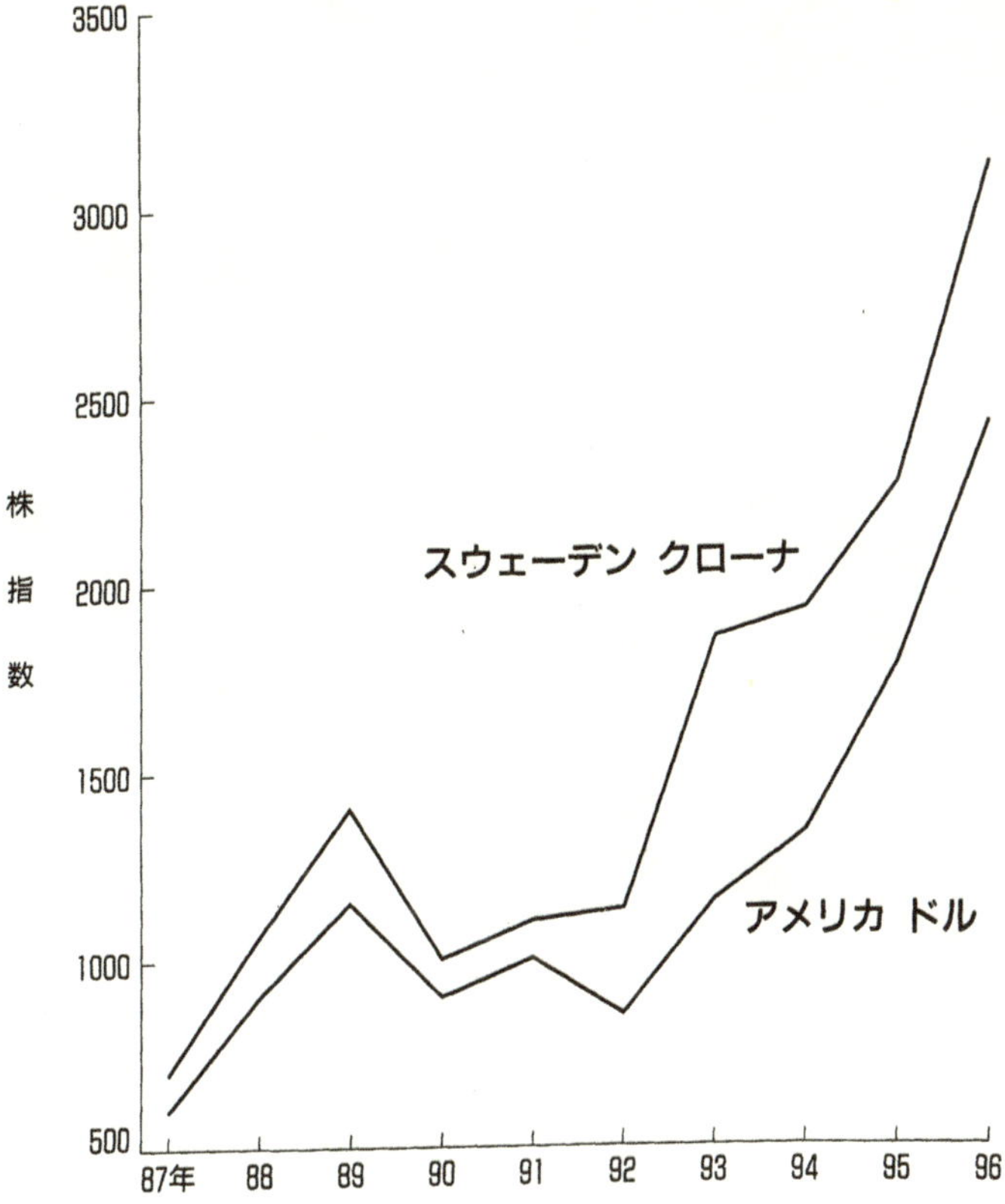

出典　『モーガン・スタンレー・キャピタル・インターナショナル』

参考文献

1. Ravi Batra, *The Great American Deception,* John Wiley and Sons, New York, 1996.
2. ラビ・バトラ著／青柳孝直、山田智彦訳『ＪＡＰＡＮ繁栄への回帰』総合法令、一九九六年
3. Ravi Batra, *The Downfall of Capitalism and Communism,* Macmillan 1978
4. ラビ・バトラ著／松本道弘監訳『ラビ・バトラの世界経済大崩壊』徳間書店、一九九五年
5. C.Chow and M.Kellman, *Trade-the Engine of Growth,* Oxford University Press, New York, 1993.

akatoshi Ito, *The Japanese Economy,* MIT Press, 1992.

rles Kindleberger, *The World in Depression : 1929-1939,* University of

27. *Wall Street Journal*, November 14, 1997.
28. *Economic Report of the President*, 1997, Department of Commerce, Washington, DC.
29. *Statistical Abstract of the United States*, 1997, Department of Commerce, Washington DC.
30. *International Financial Statistics Yearbook*, International Monetary Fund, Washington DC.
31. *World Development Report*, 1991 and 1997, The World Bank, Washington DC.

〈著者略歴〉

ラビ・バトラ（Ravi Batra）

経済学者。インド・パンジャブ州生まれ。デリー大学卒業後、69年アメリカに渡り、サザン・イリノイ大学で博士号を取得。経済学博士。現在、ダラスのサザン・メソジスト大学教授。国際的ベストセラーとなった『The Downfall of Capitalism and Communism（ラビ・バトラの世界経済大崩壊）』（1978）で早くも共産主義の崩壊を予言。その後も次々に国際貿易や株式市場についての予測を見事に的中させ、名声を博している。

Photo ©Fiesta Photo

ラビ・バトラのベストセラー

『ラビ・バトラの世界経済大崩壊（The Downfall of Capitalism & Communism）』マクミラン1978年、徳間書店　1995年

『1990年の大恐慌（The Great Depression of 1990）』サイモン&シュスター　1987年

『1990年の大恐慌を生き残る（Surviving The Great Depression of 1990）』サイモン&シュスター　1988年

『貿易は国を滅ぼす(The Myth of Free Trade)』マクミラン1993年、光文社1994年

『ラビ・バトラの大予言』総合法令1995年

その他の著書

『アメリカの大きな偽り（The Great American Deception）』ジョン・ウィレイ&サンズ　1996年

『純粋国際貿易理論研究（Studies In The Pure Theory Of International Trade）』セント・マーティン・プレス　1972年

『不確実の下の純粋国際貿易理論（The Pure Theory Of International Trade Under Uncertainty）』ウィレイ・インターサイエンス　1976年

本書で紹介されているプラウト理論に興味のある方は、
〒862　熊本市龍田町上立田1885-24
プラウト・リサーチ・インスティチュート
までお問い合わせ下さい。

Stock Market Crashes

Published by Tachibana Shuppan, Inc.

Republished in cooperation with toExcel, a strategic unit of Kaleidoscope Software, Inc.

For information address:
toExcel
165 West 95th Street, Suite B-N
New York, NY 10025
www.toExcel.com

ISBN: 1-58348-143-5

Library of Congress Catalog Card Number: 99-60382

Printed in the United States of America

0 9 8 7 6 5 4 3 2 1

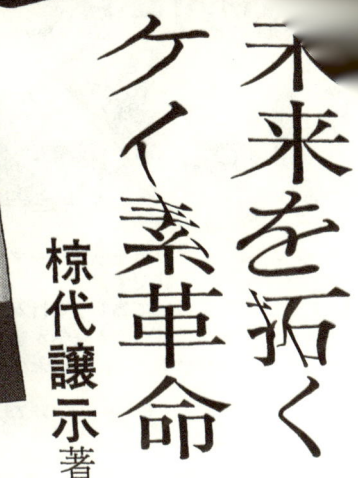

未来ブックシリーズ創刊

経済、経営、社会、環境 ——たちはな出版は１９９８年１月より、さまさまな角度から未来のヒジョンを描く「未来フ ッ クシリーズ」を刊行。

急速に変貌する現代社会を力強く生き抜くためには、一人ひとりが未来設計や未来創造に取り組む姿勢が欠かせない。「未来フックシリーズ」が、読者の皆様にとってよき未来への手がかりとなれは幸いである。

～ 今後の刊行予定(1998年4月) ～

◎世界的ベストセラー「メガトレンド」の著者
ジョン・ネズビット　John Naisbitt
『メガチャレンジ－21世紀へのコンパス』(仮)

◎あの「地球白書」の著者
レスター・ブラウン　Lester R. Brown
『エコ経済革命』(仮)

◎「資本主義の未来」の著者
レスター・サロー　Lester C. Thurow
『経済探険の時代』(仮)

◎日本フィリップス(株)代表取締役
新　将命　Masami Atarashi
『21世紀へのリーダーシップ』(仮)

◎三菱電機(株)常務取締役
木内　孝　Takashi Kiuchi
『未来企業』(仮)

www.ingramcontent.com/pod-product-compliance
Lightning Source LLC
Chambersburg PA
CBHW020736180526
45163CB00001B/259
* 9 7 8 1 5 8 3 4 8 1 4 3 1 *